Fra min bitte-tid

Af samme forfatter udgivet ved
Poul Erik Kristensen 2016 :

Drengeår og knøsekår (erindringer)
Hedevandringer (kultur- og naturbeskrivelse)
Vredens børn (roman)
Bondens søn (roman)
Arbejdets glæde (roman)
Vadmelsfolk (noveller)

Jeppe Aakjær

Fra min bitte-tid

© 2016 Poul Erik Kristensen
Forlag: BoD – Books on Demand, København, Danmark
Tryk: BoD – Books on Demand, Norderstedt, Tyskland
ISBN 9788776915575

Indhold

Udgiverens forord

Jeppe Aakjær (1866-1930) er en af Danmarks store forfattere. Hans første bog blev udgivet i 1897. Herefter kom der nye titler med jævne mellemrum, og flere kom endda i adskillige oplag.

Men tiden går, og retskrivningen ændres. Derfor har jeg i 2016 med nænsom hånd redigeret en række af Jeppe Aakjærs bøger for at fjerne nogle irritationsmomenter for nutidens læsere. Her har mit udgangspunkt været, at hvis jeg var i tvivl om en rettelse, fik Aakjærs egne ord lov til at bestå. Forfatteren har med andre ord hele tiden stået over grammatikken.

Navneord skrives med lille begyndelsesbogstav, med undtagelse af forskellige egennavne ændres aa til å, gamle stavemåder erstattes af nutidens, og enkelte ord erstattes af nye, der er mere forståelige. Endelig er der også hist og her, men bestemt ikke i noget stort omfang, blevet ændret en smule på tegnsætningen.

De fleste læsere vil formodentlig støde på dialektord, som de ikke helt forstår. Som regel vil det ikke betyde noget for forståelsen af helheden, men ellers kan ordet som regel findes på nettet i ordbog over det danske sprog.

Mit råd til læseren skal i øvrigt være: Læs bogen langsomt og med jysk sindighed. Så møder du Aakjærs mange finurligheder.

Poul Erik Kristensen

Barnet og den gamle gård

Der lå på toften en gammel gård
med vinde vægge og side tage.
Dens syld er sunken, men mindet slår
sin kreds derom alle dage.

For der gik føllet på slanke ben,
og hønen kagled bag støvet nælde,
og myren jog over breden sten,
mens stolpen frønned af ælde.

Og der står mor i sin bryggersdør
og rækker far en tår urt af øsen;
han blæser, drikker og blæser, før
han rækker resten til tøsen.

Og ind og ud ad den lave port
som vævens skyttel så svitter svalen;
og solen skinner på småt og stort,
og hanen muntrer med galen.

- Hvor er nu henne den gamle gård,
dens svalereder bag møre lægter?
"Det gamle falder, det ny består" -
er lov for skiftende slægter.

Hold op at flagre, du svalelil,
lad glemsel tage de gamle reder;
luk øjet op, og dit hjerte til,
det nytter intet, du leder!

De gamle huse vil styrte om,
de gamle vaner, de gamle skikke;
er marven borte og skallen tom,
da hjælper tårerne ikke.

Men du, som hviler i vuggen dér
og smiler op fra din hvide pude,
du kender intet til livets færd
og ej til verden derude.

Du er i dagens den stride blæst
en muntert glidende forårssvale.
Vi andre kives om lykkens rest,
du la'r Vorherre betale.

Vi andre ræddes i tvivlens nat,
når bølgens vrede vort lys vil slukke;
du slumrer trygt uden ror og rat,
endda din båd er en vugge.

Sov trygt, du lille, i vuggen hist,
mens æblet rødnes i hast bag løvet
og bygen kommer med stakket frist
og slænger frugten i støvet.

Ja, du skal vokse dig sund og stor,
og du skal altid i sandhed vandre;
en dag så tager du viv og jord
og bliver mand som vi andre.

Så står du vel, som vi andre står,
og tryller ranker om sunkne stene
og stirrer ud mod en falden gård,
mens solen synker bag grene.

Mor kliner

Mit barndomshjem var af denne gamle firlængede, kalveknæede gårdtype, der havde stået lige siden udskiftningstiden omkring det 19. århundredes begyndelse. Udhusenes vægge var gennemgående klinet op af ler, stolperne var haltende og krumme, taget sønderslidt af storm og udyr.

På efterårsdage, når drivregnen susede ned over egnen, og køerne søgte ly ved de krykkende huse, da forslog de ofte tiden med at klø deres horn i det lave tag eller med de raspende tunger at rive lange totter ud af den gamles sideskæg.

Gården, der lå med den bare ende ud mod alle vinde, gennemrystedes ustandseligt af de herskende vestenstorme. Det lød helt sørgmodigt sådan en uvejrsdag at stå i en af dens tomme gulve og høre trænaglernes og spærenes gnislen og knagen, medens stormen krystede dens sideben. Hvis stormen kom om natten, hvad det havde for vane, var der ikke mange af os, der fik søvn i øjnene. Det ligger endnu mig selv i blodet. Skønt jeg bor i et solidt hus, har jeg stadig denne gamle stormangst i mig. Når vinden går hårdt på om nætterne, kan jeg ikke sove. Det er minderne fra mit hjem. - Far og mor lå og småsnakkede i sengen med ængstelige stemmer, der endte i høje angstråb ud over hovederne på os alle sammen, når tækkets løsrevne strå begyndte som et haglvejr at piske ind mod ruderne. Et minut efter var alle på benene - store og små! - Far stormede halv påklædt med vældig træskolarm ud af forstuedøren; hans garde fulgte ham i vild uorden - vi små med bankende hjerte og flyvende hårtoppe. Vi skulle holde lygten, hvad der var en meget betroet opgave; blæste den ud, hvad den jo som oftest gjorde, måtte vi igen ind og have den tændt. En hidsig ørefigen mente far var fremmende for arbejdet. De voksne slæbte med stiger og stænger i nattens mulm, det gjaldt om i en fart at finde tagets ømme sted. Thi en rigtig krabat nordveststorm er ikke længe om at rydde en husside for alt sit tag, hvor simen er rådden og underlaget skimlet. Blot en ildergrav eller et rottehul er nok til, at uvejret kan få en finger ind og løsne det hele sting for sting.

De ligger endnu i mit sind som en dump tone disse erindringer om mørke efterårsnætter, da jeg var lygtemand og stod der i det tynde lappede barnetøj, mens styrtregnen gennemblødte en fra øverst til nederst; - med rystende arme løftede man lygten højt over sit hoved, for at den kunne lyse så højt som muligt, mens høje råb og kommanderende stemmer kæmpede med stormen højt oppe på en gennembrudt tagside, hvor et par i livsfare svævende mørke skikkelser krøb omkring for at drive adskilte harver eller andre jernredskaber ned i randen af tagets gabende sår.

På taget kom mor ikke; - der var ellers ikke mange steder, hvor hun ikke kom! Heller ikke den skrøbelige gårds hældende huslænger kunne altid undvære hendes hjælp. Det var en arv fra hovtiden, at kvinderne skulle kline de skrøbelige lervægge. - Et mere ubehageligt og sendrægtigt arbejde kunne næppe bydes en kvinde, men det var et ansvarsfuldt hverv, og hvor der rigtig var ansvar med i spillet, der mødte gerne mor selv. Ens unge tjenestepiger havde formodentlig ikke nemmet kliningens kunst. Det var mor blevet klog på, hvad art det havde at sætte sådan en uerfaren hjoj til at udbedre de bugede lervægges endeløse skavanker. Leret er jo et let angribeligt materiale. Dyrene borede i det med deres horn indefra, frost og regnskyl angreb det udefra; resultatet var, at når man nærmede sig foråret, lå gerne en tredjepart af væggene på jorden, mens hullerne stoppedes med lyng og halm. Især hvis kliningen var blevet forsømt et år, eller var blevet dårlig

udført. Men mor havde holdt øje med det, og det var et af
de første forårstegn i mit hjem, at mor mødte en morgen-
stund vesten omme med sin strippe og sin lævviklud, iført
de argeste pjalter hun kunne opdrive. Nu skulle gården
klines, og ligesom alt, hvad mor gjorde, skulle det gå
raskt. Hun passede sig selv op i alle måder, slæbte med
leret, der hele året rundt lå for det samme i en toppet dyn-
ge øst for stuehuset. Det var blevet æltet en tidlig forårs-
dag af et par skejtende stude, der blev trukket rundt og
rundt, mens de gjorde øjne som tekopper. Vi børn kunne
en sådan dag, hvis vi havde fri fra skolen, tjene en si-
rupsmelmad som en mis, hvis vi hentede et par spande ler
eller gav hende en anden lille håndsrækning; ellers stille-
de hun ingen betingelser. - Jo én: Hun henstillede til hu-
sets folk, at de, så længe kliningen stod på, ville lade være
at forrette deres nødtørft langs væggene, hvad der jo ellers
overalt var datidens form for wc.

Mor var tidlig i gang sådan en dag. Under 14-16 timer
var sjælden hendes arbejdsdag, især når det gjaldt et ar-
bejde af den vigtighed. Hun skred nu fra væg til væg; de
værste huller havde far måttet bøde med noget vi kaldte
vintersten, dvs. ikke ovnbrændte, bare soltørrede sten af
ler - teglstenene kostede penge, men vinterstenene lavede
enhver mand selv til husets brug en højsommerdag efter
samme system, som man æltede tørv. En dynge vintersten
til husenes udbedring havde enhver ordentlig mand ståen-
de i et halmgulv, hvor frosten ikke kunne nå dem.

Mor var dog ikke ganske ene ved sit arbejde; der hvor
hun var, var også børnene. De havde ikke noget imod at
være med ved kliningen. Det var ikke nær så yndet af
mor. Hvor var det en lykke at gribe i det bløde ler og se
det kvase ud mellem fingrene. Det gik, så længe vi ikke
kom i vejen for hende; hændte det, vidste man aldrig,
hvad der kunne falde af. Men man udsatte sig med fornø-

jelse for en singeldus mod at være med til noget så nyt og
spændende.

Det våde ler, der tærskedes imod revner og sprækker,
strittede tilbage over hele flokken, lagde sig i kager på
mors tøj, strittede ind i hendes utildækkede hår og ansigt
og satte ætsende stænk på hendes følsomme ansigtshud,
som var så sart, og som hun egentlig var så øm over. Når
hun engang imellem tog et pust, lod hun ligesom i et ve-
modigt suk sit blik glide henover alt det spirende, der
begyndte at røre på sig rundt om i den solbeskinnede ådal.

Mor var en af de få bønderkvinder, der havde naturglæ-
de, og hver ny vår gik hende altid nær til hjerte. Ud over
markerne var bønderne allerede i gang med deres forårs-
gerning. Hestene gik inde i en dampsky af deres egen
sved; solglans lå over alle ting. Langt mod sydhimlen stod
de tungbugede, sortladne skyer fra en hedebrand som en
offerrøg ind i himlen. Det var hedens dyrkere, der var i
færd med at afbrænde lyngen, før ploven og studespandet
skulle gå igennem rydningen.

Nær op til barndomshjemmets mur krøb den krøllede, nu
gnistgrønne vinterrug, og lærkerne sang i hundredevis
højt over de grå hustage. Langs Karup Å begyndte kabbe-
lejerne at danne gule rabatter. Inden pinse ville den ud-
strakte ådal være et eneste udstrakt blomsterbed, hundrede
gange større og mere hjertevarmende i form og indhold
end noget hollandsk tulipanbed!

De første nattegamle lam gik og stumlede over brinkerne
på de leddeløse ben og udstødte et hjælpeløst bræg, når de
ikke kunne følge med moderen, der endnu havde langt
imellem de grønne spirer. Men allernærmest mor løb den
lille toppede vibe, der selv er som en lille travlt syslende
bondekone, som har så forfærdelig meget, hun skal have
gjort, inden sol går ned. Med sit tunge vemodige blik
omfattede mor det alt sammen, mens hun med et suk
tænkte på den vår, der også engang havde været hendes. -

Men kun et øjeblik hengav hun sig til lyriske betragtninger; atter stentede det våde ler i hendes grimede ansigt, og atter for den pjaskvåde lævviklud over de bugede stolper og vægge!

Når hjemmets sol sank over en uendelig arbejdsdag omme i retning af den store vejrmølle i Karstoft, havde mor som oftest hele gården klinet færdig, men nu så hun også ud, som havde hun selv været i lertrossen sammen med studene. Få dage efter lyste den lille gård ud over egnen som en nyfødt med de kæreste nykalkede længer, der stod mod den vidunderligste baggrund af grønne enge, hvor kavlingrabatter af det skæreste guld bredte sig dag for dag.

Vor nabokone, "Margret til Troelses", der også var en kunstner i leret, afsluttede altid husenes hvidtning med at slå et Andreas-kors med kalkbørsten fra hjørne til hjørne over alle luger og en vildmand på ladedøren; det mente Margrethe var nødvendigt for altings trivsel og held. Men mor var vel troende, men ikke særlig overtroisk, hun brugte vel korset, men hun havde ligesom ængstelse for at misbruge det.

Når hun satte sit dejkar med surdejen hen til den store opvarmede bilægger, for at det kunne løftes i natten, slog hun et kors over dejen, før hun dækkede den til, og aldrig har jeg set hende have så travlt, at hun ikke, forinden hun skar af et nyt brød, gav sig tid til at slå et kors med brødkniven over endeskallen, men hvor meget vi unger end bad hende om at få det samme kors og den samme bøhmand på ladedøren som til Troelses, det hjalp os ikke; mor blev i sin egen enfoldige tro, og ingen fik hende til at gøre mindste knæfald for fremmede religioner.

Barnets hjem i snævreste forstand må stuehuset vel anses for at være. Der leves det intime liv i sorg og glæde, især da om vintertide. Mens man er ganske lille, kommer man jo slet ikke uden for stuehuset. Først når bondebarnet kan gøre nytte for føden, udvides dets kreds også til nøds og stald, og hvad der står i forbindelse med kreaturerne. Stuehuset derhjemme eller "æ sals", som man sagde, var en gammel prøvet våning, der allerede i min første barndom havde det meste af et hundrede år på bagen. Efter alderen måtte man sige, at den havde holdt sig godt. Der blev også kælet en del mere for den end for de øvrige længer. Den var jo dog i sin meste udstrækning bolig for mennesker; den havde en smukkere brolægning foran sine vægge. Mens udhusene blev vedligeholdt af mor, blev der dog hentet en håndværker, når den gamle udtjente sals skulle stafferes, og hvor var den for mine barneøjne et smukt gammelt hus, ja, vel egentlig det smukkeste på hele den vide jord, når den sådan stod i sin pinsepynt af gul okkermaling og sortbrun kønrøg ned over de krogede stolper og de fremstående bjælkehoveder.

På disse bjælkehoveder hang hyppig sild til tørring, eller mor havde anbragt sirlige bundter af farveklavser eller den kraftige duftende malurt, sirlig omviklet med uldgarn. Malurt brugte vi til at sætte smag på øllet eller til fremstilling af den så attråede morgenstimulans: en malurtdram.

Selv om stuehusets vægge blev pyntet og strøget med farve, var det sjældent den ære overgik døre og vinduer. Jeg tror dog at kunne huske, at forstuedøren og vinduerne ved en eller anden højtidelig lejlighed, måske et barselgilde, som der ikke blev så få af, blev malet himmelblå, og da kendte min beundring ingen grænse. Og sandelig var de også smukke de gamle vinduer, ikke synderlig større end et spillekort i deres ejendommelige blyindfatning, der kun kunne laves af kæltringerne. Jeg kan dog ikke huske, at disse romantiske landsmænd har flikket på vore vinduer, men vinduesblyet holdt sig langt op gennem min barndom.

Inden jeg fører mine læsere ind i mit gamle hjem, vil vi dog gå et par skridt hen til brønden, der er en så afgjort

livsfornødenhed i enhver gård, og man må vel sige hus
med, skønt jeg har kendt hjem, endda ikke så få, der ingen
brønd havde, men enten hentede vand hos naboen eller
måtte tage til takke med en mergelgrav eller en tørvepyt.
Vor brønd derhjemme havde fået sin plads et par favne fra
stuehusets væg, betænkelig nær ved gårdens altopfylden-
de mødding. Ja, det er ubegribeligt, at det kunne gå an
med dette naboskab. På grund af gårdens beliggenhed på
sur og lav bund, var brønden selv lidet dyb, ja, om vinte-
ren stod vandet næsten til kjeldrammen. Knap en alen fra
den begyndte møddingen og toppedes derefter op i højde
med brøndrammen. Jeg har aldrig hørt klage over vandets
smag. Alligevel blev brønden dog omsider flyttet, rykket
et par favne bort fra sin udelikate nabo, så der må vel nok
have været noget i vejen. Vi børn fandt dog intet at udsæt-
te. - Man syntes, det var et af de skønneste punkter på
gårdens grund. Hvor var det fristende, især for de bitte
små, men jo heller ikke ganske ufarligt at stille sig på den
brede sten lige op ad brøndrammen og blive ved at stræk-
ke sig på tæerne, til man kunne få overkroppen og de
udspilede øjne ovenfor og kigge ned i det drømmende
uudgrundelige dyb; men det var en dumdristig handling,
for dersom det opdagedes fra køkkenvinduet, var man
sikker på sin kindhest, og mor havde da også af pædago-
giske grunde fyldt den brønd med alle rædsler: busse-
mænd, ræve og gloende uhyrer, så det var ikke uden hjer-
tebanken, man nærmede sig den møre ramme. Ved denne
brønd har jeg stået som voksen knøs sammen med min
mor, dagen før hun gik til sengs for aldrig at stå op mere.
Dette rene, kølige og minderige blink fra en mystisk ver-
den, ville de gamle gerne have med sig, før de tog farvel
med denne jord.

   Nu nærmer vi os atter den gamle sals, men den der vil
med mig inden døre, han må bøje panden vel, for den er
lav, den gamle forstuedør, og den hoffærdige, der intet-

anende går under dens karm, har tit fået en ukærlig velkomst med buler både i hat og pande. - Døren var delt på langs med to snævre fløje. Kun den ene stod åben til daglig, en kraftig mand kom ikke igennem uden at gå på kant. Jeg har vist egentlig kun set begge døre åbne, når ligkisten skulle ind eller ud. Ikke engang på gildesdage stod de begge åbne. Inden for disse døre var en ganske lille forstue. Skønt den var pikket med kampesten, der rejste et græsseligt spektakel, når vi knægte i flok tumlede forlæns eller baglæns ud og ind ad dørene, forekom det mig dog, at mor kælede mere for det rum end for noget af de andre. Her fik gæsten det første indtryk af hjemmet, vintersolen kunne gennem den åbentstående dør lege så usigelig ømt henover de hårde og kolde sten, hvor kokken med sine høns så gerne ville være, og hvor stod ikke denne solglans og det hvide strøsand, som mor forstod at dele ud over stenene på en egen kunstfærdig måde, ja, hvor stod ikke det smukt til hinanden! Strøsandet spillede en stor rolle i de gamle hjem. Mor var i den henseende yderst kræsen. Kun far selv blev betroet til at hente det hjem fra "æ såendbak" (sandbakken), hvor den gode Gud for tusinder af år siden havde lagt det i undergrunden i gnistrende hvide lag for det samme. Her i forstuen var der inde under loftstrappen et mørkt rum, hvor sandet gemtes året om som en lille helligdom. Gud nåde den karl eller andet ubehøvlet individ, der havde hevet et par svinske træsko eller andet urent ind i sandkammeret! Han ville ikke undgå sin refurium af mor, så der skulle han nok blive fra en anden gang. Det eneste, mor tålte i sandkammeret foruden sin hvide skat, var kålgårdens få fattige gulerødder, der stod og satte krøllede spirer ovenud af dyngen, når livet var uddødt alle andre steder.

For at fremhæve forstuens værdighed som et af de pæneste steder i hjemmet, havde man her ophængt det smukkeste, huset formåede, det ny, blanksmurte seletøj, der fyldte rummet med en frisk tranduft; også den ny stadspisk havde her sin plads, og turde ikke røres af nogen uhøvisk hånd. Den almindeligste vej frem gik jo herfra til dagligstuen, kun mors kvindelige gæster førtes til storstuen, der lå til modsat side. Storstuen var såmænd udstyret i stor tarvelighed, nærmest et oplagsrum for kister og skabe, og hvad mor ville have i fred for mandfolkene. I min allerførste barndom var det lagt med stampet ler, hvad bønderne havde danset på i menneskealdre. Siden, da det var blevet opslidt og fuldt af rottehuller, fandt man dog udvej til at belægge det med brædder. Det må have været en hel revolution i det tarvelige hjem! Hvor drønede ikke også zinkstøvlernes sanseløse tråd i sekstur og svejtrit og "æ mand ud å æ hordhied" over dets sandstrøede brædder, når gildesstøjen rasede gennem huset! - Til daglig var det et hvilested for alle fredens guder. Intet steds i verden har jeg nydt mage til fred, når jeg som ung mand kom hjem fra min endeløse omflakken og fik lov til at slå mig ned i barndomshjemmet en uge eller to for at skrive et eller andet færdigt, som spirede i mit sind. Intet steds mindes jeg, at fuldmånen har kastet så blidt et lys ind over et sandstrøet gulv, intet steds lød dødningeurets hammerslag så alvorligt og mindekært. Selv på forholdsvis stille dage skulle vinden alligevel nok finde en eller anden sprække at summe i, og når det bar mod efterår, kunne denne vemodssang af vinden igennem ens barndomshjem vække al vemod al uro og længsel i det ungdommelige hjerte. Til denne gamle stue trak jeg mig tilbage, når jeg var blevet hjemløs og hadet alle andre steder. Om vinteren egnede den sig dog ikke til beboelse - den havde ingen kakkelovn - men om sommeren var der en kølighed og en fred, der er så vanskelig at finde på denne urolige jord. - Alle andre end mor var i marken ved arbejdet. Mor tumlede i frammerset med sine gryder; jeg hørte hendes rappe træsko som en fjern musik, et akkompagnement til mit arbejde. I denne gamle stue skrev jeg bl.a. Karup Å og Jenn hjemm, der ikke anses for mine ringeste ting. Især det sidste digt vil have modtaget præg af den gamle, vemodige storstue.

Men som sagt, det var fredsstuen, det man andre steder kaldte æ fin stow, skønt Gud skal vide, at der ikke var meget fint ved den: kalkede vægge, umalet loft med svære revnede bjælker under; en kiste, et par skabe og en umådelig bred seng med tykke stribede dyner, der magelig kunne rumme tre føre mænd, hvad den også til tider gjorde. Men som sagt var det mest mors domæne. Her gemte hun sine færdige varer og spind, her havde enhver af familien sit stadstøj. Her lå i en af kistelæddikerne de udsøgte lys, som mor var en mester i at støbe, men som kun anvendtes ved særlige højtidelige lejligheder. Mor yndede ikke, at vi børn gik med, når hun hentede sine lys frem fra denne hemmelige læddike. Kisten kunne ikke låses, og man kunne aldrig vide, hvad sådan en knægt kunne hitte på. Mors jammer kunne fylde hele huset, om hun åbnede sin læddike og så, at musene havde været i lag med lysene. - Hvor var det højtideligt at se mor gå med en eller to slægtninge eller nabokoner over tærsklen til storstuen, når kaffen var drukket under endeløs prat i dagligstuen. Mor skred, som det sig hør og bør, stille og værdig foran med hovedklædet i sirlige folder om hage og kind, gæsterne i ærbødig afstand uden nogen overilelse, skønt de jo var fulde af nyfigenhed. Var der flere, bevaredes afstanden sømmeligt, ingen trådte den anden i hælene, de havde jo gode stunder, og tiden var værd at dvæle i. Og når så mor havde fået åbnet kommodeskufferne og stykke for stykke båret det hen til de små vinduer, hvor blev det da synet, befølt og drejet, de hjemmevævede dynevår, det nystampede vadmel, som en af drengene skulle have til konfirmationen, den sidste kjole til døtrene og det franske sjal, som hun var kommet til for 1 mark og 7 skilling ved "æ bejskræmer", sidste gang han var her; og her var de sokker og strømper, hun havde fået færdige i vinterens løb, og tho der ved bjælken, der hang da også trendgarnet, som de skulle have på, når vævepigen kunne blive færdig til det, og de ventede jo også han-skrædderen en af dagene. Her lå det garvede fåreskind, der lige var kommet hjem fra farveren. Der skulle vel nok være rigelig til en læder-trøje til den gamle? - - Sådan kunne der gå en fuld klokke-time eller to med, hvad den ene havde fået gjort, og hvad den anden håbede at få gjort, og nu stod alle tre skuffer åbne i mors dragkiste, og lavendler duftede op af dem alle tre og sendte en kær røgelse hen under de tunge bjælker. Og kvinderne gik så uforstyrrelige fra det ene til det an-det, indtil de - som afslutning blev forevist lysene. Det var prøven på en husmoders duelighed; deres form og vægt og tykkelse blev betragtet med dulgt misundelse, om de var vægtigere og tykkere end iagttagerens. Og så lod mor det tunge kistelåg falde i over sin skat, og inspektionen forlod stuen i samme besindige gangart, som den var kommet.

Mors arbejdsdag

Vi vælger en vinterdag med frost eller snedrift. Mor var hyppigst den, der vågnede først og kaldte på far. Karl og pige fulgte nølende efter. Hyppigst havde mor fået tøjet på og stod ved gruen og rumsterede med ildklemmen, før pigen indfandt sig. Det gjaldt om hurtigst muligt at få ild i husets trofaste ven, den dragkistehøje bilæggerovn, der vældig som en bastion skød sig ind i rummet mellem sovekammer og dagligstue. Men al brænde dengang var kun tørv og lyng. Højt op i barndommen har jeg kun set kul hos smeden; i almindelige bønderhjem kendtes de ikke, men lyng og tørv var der en Guds velsignelse af, bjærget om sommeren i store måder. En ville af den storraftede brændlyng som underlag for en løbfuld store skottørv var et ypperligt grundlag for den lave stues hurtige opvarmning. Men næppe havde de små rundt om i vugge og senge hørt dagens animerende lyd i form af ildragens støj og rabalder i kakkelovnen, før de sad lysvågne på enderne som fugleunger, der krævede at mades, og ude i en mørk krog af bryggerset var der endnu en krævende stemme, der ikke var mindre energisk i sine fordringer, det var julegalten, der også nok kunne lide at få noget i truget, og snoede sig rundt og rundt i yderste utålmodighed i sin stenlagte sti. Disse to strømme af hyl, en fra galten og en fra ungerne, slog sammen over mors hoved, der befandt sig i deres midte, og mange gange stønnede hun i dybeste fortvivlelse, mens hun ivrigt smurte løs på fedtebrødet: "Så hold da jer mund i, I lede unger! I er da lige ved å skil' jen si hued ad!" Men der var ikke gået mange minutter, før mor havde fået stillet de værste hyl; børnene havde fået deres fedtebrød og galten sin kartoffelskrælling. Så kunne hun vende sin opmærksomhed til andre kanter. Først skulle naturligvis folkenes davre fra hånden; det var just ikke nogen indviklet proces. I al den tid, jeg kan huske, bestod den af kogt, skummet mælk brokket fuld af endskalstumper eller fortørrede rinde, der dyngedes op i et hjørne af bordskuffen. Så længe bedstefar levede, var der altid overflødighed af rinde, der blev skåret af brødet af hensyn til hans tandløse gummer. Foruden den kogte mælk vankede der dog som oftest pandekartofler med flæskebidder, og hvis endskalstumperne ikke slog til i mælken, var der hyppigt levnet en klat byggrød fra aftensmaden. Samtidig med folkedavren skulle mor have opmærksomheden henvendt på melmaderne til de børn, der skulle i skole. Melmaderne blev smurt med stor omhu; det var ikke sært! thi skolemaden har til alle tider været en gradestok for hjemmets sociale stade. Mor glædede sig, når hun havde fået det arbejde fra hånden og kunne se vore rygge i dørkarmen. "Det var endda en skønne lin og kom' af med de unger, så en ka kom te å bestil nøj andt end å hold dje haler op!" Mors øjne gik hen til den ventende rok, der stod tavs i krogen med kun halvfuld ten. Men stakkels mor havde endnu meget, hun skulle igennem, før hun med god samvittighed kunne nedlade sig i armstolen bag den snurrende rok. Lad os håbe at pigen har haft et heldigt håndelag, så hun i det mindste kunne betros til at malke køerne og give kalvene mælk. Galten, den slughals, betroede mor ikke til andre hænder end sine egne. Men havde en ko fået kalv, så var det det klogeste, at mor malkede den de første dage, at den ikke gik hen og blev trepattet. Og den nyfødte kalv, det var også sin sag at lade pigen passe den. En vidste jo aldrig, om hun forstod at tylle noget mælk i den eller få den til at sutte på det opblødte brød. Nej, alt det spæde og hjælpeløse ude som inde kunne ikke undvære mors ømme hænder.

Når folkene havde spist deres davre - de langede til det samme fad, tallerkener til folkebrug kendtes så at sige kun som trætallerkener - så fik mor travlt med at bringe alt i orden, "at gøre hejer" som det hed. I min første barndom var Dagligstuen og de fleste af de tilstødende rum belagt med stampet ler, der altid var klamt og fugtigt, fuldt af sprækker og huller, hvor det røde sand grinede frem. Der var to faktorer, som især arbejdede på de gamle lergulves opløsning; den ene var rotterne, den anden småbørnene. De arbejdede trofast hånd i hånd. Rotterne var ikke til at blive skilt ved i de gamle bønderhjem, hvor man sjældent var helt fri for kreaturer selv i stuehuset. Jeg mindes dem som en frygtelig plage i min barndom. Ja, de var ligefrem ikke til at dy sig for. De små sov ind med onde drømme af frygt for rotterne, de voksne lå og klippede uroligt med øjnene rundt om i sengene, når de lå og hørte på rotternes græsselige rumsteren snart ved ens fødder, snart ved ens hoved, snart inde under dagligstuebordet. Rent forfærdeligt blev det, når et af bæsterne var dumpet i svinetønden eller gået i en af den tids frygtelige rottefælder og tog på, så det hvinede gennem hele huset. Så måtte far op i bar skjorte og kværke uhyret, så man atter kunne få søvn i øjnene. Jeg mindes endnu med gysen disse rottenætter, hvor man lå i de dybe alkover, undertiden med en kæp ved siden af sig til værn mod rotterne. De gennemgnavede alt træværk og kunne komme i trav op over dynen, sætte fra på ens bryst og gøre favnespring ud over gulvet og snuse efter madrester eller slæbe bort med ens træskoviser. Ikke sjældent blev de sovende bidt i næsen af de farlige dyr. Jeg har engang som barn i min søvn fået et rottebid i en finger. Når nu en rotte i nattens mulm og mørke havde lavet et regulært hul i lergulvet, så var det jo en stor fryd for ungerne med et søm eller en ske at uddybe skaden. Naturligvis var det halsløs gerning, men mor kunne ikke have øjnene alle vegne. Og sådan blev hullerne i de gamle lergulve efterhånden større og større og ikke videre fremmende for stuens hygge. Nej, de gamle bønderkoner havde det hårdt, især dem, der som min mor

24

gerne ville have det lidt pænt. Hvad skulle man stille op med hyggen i et hjem, hvor rotterne omtrent hver nat rodede en dynge stinkende jord op i hvert hjørne? Og mandfolkene var, som de var, gennemgående ligegyldige for den tarveligste orden. De skrående mænd spyttede, hvor de ville. Havde man haft en gæst, stod der gerne en svinsk dam under ham, så at hans træsko var lige ved at sejle. De kvinder, der havde forsøgt at indføre spytbakkerne i hjemmene, kom på sladderheglen, blev udleet og til hån og spot for omgivelserne. Min mor fandt sig med kristelig tålmodighed i det meste. Kun husker jeg, at hun stod hårdt på, at den dag karlene havde muget under svinene eller stået i møddingen, skulle de værsgo lade deres træsko blive stående uden for døren; men så var hun klar over, at hun blev lastet folkene imellem som "fin på det". - Som sagt, mor gør hejer i stuen efter davrebordet. Det begynder med, at sengene redes. Sengene er alkover med langhalm i stedet for madrasser. Denne halm løftes der op i hver dag. Da rotter og mus, som vi så ovenfor, arbejdede trofast uden ophør, var den ikke langhalm ret længe, langt snarere en slags hakkelse, hvor den ikke var det bare museskår. Da vi nu er kommet til at lette ved det gamle hylsklæde (note: hylsken, sikkert hylskind; et minde fra den tid, da man lå med skind eller tørrede dyrehuder for sengeklæder), så lad os gå helt til bunds i elendigheden. Under halmen lå der hyppigt lange lyngtørv, under dem igen noget råddent træ. Først da kom den rå jord. Som man ser, her var noget for datidens utøj at arbejde i. Ofte var det dog ikke ene om arbejdet. Fortidens bøndersenge kunne rumme de uhyggeligste mysterier. Snogene holdt af at bo i lyngtørvene, hvor der var lunt og varmt, og jeg ved eksempler på, at der er fisket et helt ilderkuld op af de fladklemte halmstrå. I sommertiden var sengene naturligvis frygtelige udklækningssteder for lopper, som var en ulidelig plage i de gamle hjem. De unge piger brugte at hente porsekviste hjem fra kærene og lægge dem i sengehalmen. Den skarpe parfume i denne plantes blade irriterede loppernes lange næse, så de tog rejsaus. Jeg har i flere år ligget i en sådan alkoveseng sammen med min bedstefar. Han var, som de fleste gamle mennesker, ikke videre proper. Når han gik i seng, lå han just ikke med skrå i munden, men han halede den ud og lagde den omhyggeligt på sengestokken, hvor den var let at komme til, når han vågnede. Han var af dem, der på det dybeste foragtede en spytbakke. Langs alkovens inderside, der altså også var indersiden i husets ydermur, løb en groft flettet stråmåtte, under hvilken jeg usselige knægt havde mit leje. Mod denne måtte spyttede bedstefar langspyt, så den svidende sovs hyppig sved mig i øjnene. Andre steder havde de gamle ligefrem et spyttebræt på alkovens indervæg, for at de skulle begrænse deres svineri til dette sted. Da bedstefar var død, var det næsten ikke muligt at få den sorte væg til at tage mod kalken. De gamle var med hensyn til sengeleje næsten ligeså vanskelige som prinsessen på ærten. Sengehalmen skulle artig rystes, om ikke bedstefar knurrede højlydt. Når sengene var redte, flød det da med muggent halm ud over gulvet. Efter sengene kom turen til langbordet, et gammelt veltjent møbel, som eksisterer den dag i dag, og som går "i bakke dal" ligesom gamle Danmark, med ophøjede knaster, der har spottet skurevisken, og tyndslidte partier indimellem, hvor halmvisken og det stride sand har taget alting med. Dette bord kunne fortælle hele romaner, om det ville tage bladet fra munden! Ved nedre bordende fik folkene deres portion, ved overbordenden sad altid den fremmede med de udsøgte retter. Så langt var bordet, at der blev et rigeligt bælte midt imellem, hvor ølpotten og fluesmækkeren herskede. Under bordet løb lange stivere, hvor man hyppigt gemte grovkagen, somme steder endda mange i tal på én gang, så man skulle passe på sine støvler eller træsko, thi det var natur-

ligvis en ubehøvlet færd selv uforvarende at sparke Guds
gaver på gulvet. Man kunne synes, at det var et tørt sted
som brødgemme, men det var netop sagen; af den grund
var det just, at dette sted var blevet valgt. Ikke i mit hjem,
der lå grovkagen hyppigst ikke på bordtremmerne, men i
bænkkrogen eller på klokhuset, men i hjem, hvor husbon-
den var mere nøjeregnende end i mit, henstabledes det
nybagte grovbrød på disse bordtremmer for at modtage en
slags lagring, inden folkene fik lov til at spise af dem. Der
er som bekendt mere drøjsel i gammelt brød end i nyt.

Lad mor være færdig med alt det udenoms, alle sengene
redte og bordet skuret. Støvekost kan der ikke være tale
om, før pinsen kommer! Så går man i gang med at feje det
gamle sorte lergulv. Det sker med en god, gammeldags
revlinglime af den slags, som Ole Poder eller Jens Fløj
solgte omkring i hjemmene for 4 skilling, og som nu kun
bruges i stalde og udhuse. Der fejedes i dagligstuen, nøj-
agtig som man nu fejer i en lo, med lange, stærke strøg,
der rejste støvet i kvalmende skyer lige til loftsbjælken.
Da den tids vinduer var nagelfaste, tror jeg bestemt ikke,
at et eneste vindue kunne åbnes i mit hjem; det ville jo da
også være en bespottelig gerning at slippe al den dejlige
varme ud, når rimfrosten gnistrede på vinduesruderne!
Bedstefar ville truende have hævet sin knyttede hånd mod
loftet, om noget sådant var sket! Som sagt, da støvet og
dunsten ikke kunne slippe ud til siderne, havde det ingen
anden udvej end at stige til vejrs, og det gjorde det promp-
te, så det den første time efter fejningen dalede kælent ned
over alt og alle, ned i maden, ned over de henstillede
mælkefade, der var sat hen for at samle fløde, krøb ind i
ens åndeorganer, så den lille i vuggen fik hosteanfald.
Kun bedstefar tog det som en Guds tilskikkelse. Siden
hen, da lergulvet blev afløst af brædder, blev der dog her
og der slået vand, inden man begyndte med revlinglimen.
Det var ingenlunde lige straks. Kvinderne begyndte først

langt om længe at skure gulvene, men det anså de gamle
for det argeste svineri; at gøre gulvene våde - det var jo
ligefrem at bære sot og syge ind i stuerne. Når fejningen
var til ende, lå der gerne en toppet dynge af fejeskarn mod
det høje dørtræ ud til frammerset. Den tog den fejende i
de bare næver og øste op i sit forklæde og bar det ud i
askegraven ved siden af gruen, hvis ikke det straks kaste-
des på møddingen. Og så tog en meget betroet akt sin
begyndelse: Stuen skulle strøs med sand. Også det blev
hentet i forklædet i sandkammeret under loftstrappen.
Som sagt, nu var stunden inde, hvor en ferm pige kunne få
lov at vise sit håndelag. Det kridhvide sand på det våde ler
tog sig ypperligt ud, dæmpede også en del på støvet, men
fattedes hun dette håndelag, så blev hun jo let til grin ved
de tunge klatter, der faldt i alles øjne. Nu kunne mor med
frelst samvittighed lade sit opkiltrede køkkenskørt falde
og få sit pæne rudrede forklæde på. Som oftest havde hun
også et blommet hovedklæde, knyttet i en sirlig knude
under hagen, når hun satte sig til sin rok. - Mors rok, som
jeg ejer den dag i dag, var af en sort poleret gammeldags
type, som hun værgede omhyggelig mod puf og stød,
hvad der ingenlunde var let i et hjem med 8 rollinger, der
hvert øjeblik var i håndgemæng. Ingen dronning på sin
trone kan tage sig værdigere ud end en gammel bondeko-
ne, der har sat sig til rette bag sin rok. Min mor havde stor
færdighed i at spinde; man mærkede, at hun her var rigtig
i sit es. Som en virtuos fører sin bue ud og ind, op og ned
over violinens strenge, sådan styrede hun sin tråd under
de sirligste håndbevægelser og i smukt samarbejde med
føddernes leg forneden, mens tenen rundede sig mere og
mere under den evig strømmende tråd. Der var i mors rok
en egen dyb tone, som var det sfærerne selv, der spandt.
Her var det, som hendes flittige sjæl fandt udtryk gennem
en god og øm sang af alnaturen, alt det bedste og skønne-
ste i bondehjemmets uendelige stræb og strid. Og så var

det, som om hendes forpinte nerver, der var trætte og
mishandlede af nattevågen og barnegråd, her fandt et øje-
bliks lindring og hvile. Hun hvilede, og dog arbejdede
hun, og det gjorde hende så godt, at hun imellem sang
derved; ikke nogen lystig sang, al støjende lystighed lå
hende fjern, men hyppig en vemodig klagende vise, må-
ske en halvglemt markedsvise om bundløs ulykkelig kær-
lighed, der ikke var til at hjælpe for. Hun sang helst, når
hun var mutters ene i stuen. Rokken snurrede med sit
evige nyn, en enkelt flue summede henne over den varme
bilæggerovn, støvet faldt blidt over hendes grånende tjav-
ser. Og mor sang, tungt og vemodigt, med den uhjælpeli-
ge bedrøvelighed, der må ende i tårer. Den fattige stue
blev så skøn i sådant et øjeblik. Vintersolen faldt ind gen-
nem den smeltende rim. Det hvide sand lyste som guld i
solstriben på det mørke ler; falmede familieportrætter,
afblegede, prentede gravskrifter skævede til hinanden på
kalkvæggen omkring klokhuset. Ude fra loen lød plejlens
bump rytmisk og fast mod rugneget, kokken galede kry i
forstuen, og mor sad god og glad til trods for sine tårer og
nød et velfortjent hvil, mens hendes kære, trofaste ven,
rokken, legede og spandt for hendes hånd. Men det var
sjældent, mor turde hengive sig til en så overdådig livsfø-
lelse. Tho Herregud, selv om hun sad ved rokken, så kun-
ne hun vel endda holde en degn ude, lære sine børn den
fattige del, hun selv havde nemmet af bogens viden. Læn-
ge før vi kunne bogstaverne, måtte vi lære enkelte salme-
vers og Fadervor udenad. Så længe bedstefar levede, an-
massede han sig den ret at lære os sine grusomme bønner,
der var hentet op af "Den bedendes Kjæde", et plageris for
mindreårigheden fra det 18. århundrede. Men bedstefar
var lidt for skrap i tøjet. Intet barn gik uden bæven ind
under hans bryn eller bedre: hans ris. Han var nemlig lidt
kurvemager og sad og syslede med pregl og halm og smi-
dige "woller" eller pilekviste i mine forældres sovekam-

mer, fordi der her var lunest. Her måtte vi da ind, vi små, og høres i vore morgenbønner og "hjertesuk", sådan som jeg har skildret det i "Bondens søn". Men bedstefar sad fristende nær ved risene; de lå jo i overflødighed ved hans knudrede hånd og var ham gerne til vilje. Og små børn og salmevers har altid haft svært ved at finde en mellemproportional, og bedstefars lærdom endte ofte i tænders gnidsel. Mor var just heller ikke sentimental på opdragelsens område. Men hun ejede dog overbærenhedens nådegave og skred først til håndgribeligheder, når uopmærksomheden, eller ligefrem vrangvilje, antog faretruende former. Her ved mors rok lærte vi børn vor ABC og vort Fadervor. Skrivekunsten tror jeg ikke, vi]ærte, thi mor vidste, at hun kun gjorde sig til grin ved at tegne bogstaver. Jeg kan huske, hvordan hun en søndag formiddag lå fladt ad et bord for at godtgøre, at hun dog kunne skrive sit navn. Hun kom ikke på nogen måde til et resultat, der kunne virke overbevisende på de omstående. Der er overhovedet ikke bevaret det ringeste skriftlige efter hende; jeg kan ikke tro, at hun har skrevet så meget som et brev, end ikke til min far, da han "lå henne" og var med på flugten fra Dannevirke. Som ældre havde hun end ikke erindring om skrifttyper. Hun kunne kalde mig hen til sig og sige på den hende egen bydende måde, der ikke tålte modsigelse: "Jepp', no ska do komm', og så skal do ta' og skriv te dem å hels dem så manne gång å sej, te vi hår' et godt!" Heller ikke i læsning kan man sige, at hun udmærkede sig. Hun foragtede aviser, ja, jeg har aldrig set hende med et blad i hånden, endda vi havde dem i hjemmet, da min far var en flittig avislæser. Romaner og andre verdslige skrifter fik også lov at være i fred for hende. Kun salmebogen fandt nåde for hendes øjne, men også her kun de salmer, som hun kendte og havde lært til konfirmationen. Salmebogen kunne hun tage ned fra hylden, hvor den lå ved siden af strygejernet, og synge med høj og gennemtrængende røst timelænge, mens tårerne flød i stride strømme over hendes blege kinder, ellers var der ikke noget ved det. Mor var et følelsesmenneske. Jeg har hende mistænkt for, at hun mange gange slet ikke forstod salmens ordlyd, men hun havde lært den til konfirmationen, og det var så dejligt; og så græd hun.

Når mor havde haft os oppe i katekismus eller ABC ("á-ves") nogle gange ved sin rok, og vi stadig ikke kunne det eller røbede adspredthed, "lagde ikke vort vid ved det", som hun sagde, så faldt der noget ned fra loftet, enten en rap øretæve eller et par velrettede svirp af riset, som oftest det første, for ørefigen havde mor altid ved hånden; men riset skulle som oftest hentes fra sin plads i frammerset, hvor det var stukket op ved loftet sammen med andre nødvendighedsgenstande. På væggen hang en lille trætingest, hylde eller sligt, hvori der var boret 3-4 huller; to-tre var til grydeskeer og æggespjad, det sidste var forbeholdt riset. Inden man gik hen til rokken og bekendte troen eller bad Fadervor, havde et forstandigt menneske naturligvis kastet et blik til denne hylde, om riset var på sin plads, ellers havde en synder grund til at vare sig under overhøringen. Mor kunne godt være snedig og have gemt riset bag sit skørt eller på bunden af tejekurven, og så kunne det uden ethvert varsel suse ned over ens hoved, hvis man lavede alt for mange fejl i Fadervor'et. Var riset derimod, hvor vi helst så det, på dets plads ved æggespjaddet, så skulle det være en klodset dreng, der ikke kunne humme sig ud af døren, før mor under meget spektakel fik riset ned fra hylden. Og så stod man hellere en halv time ved hushjørnet og ventede på bedre vejr, end man atter gik under åget ind til ABC'en med den galende kok på omslaget. Ret længe fik man jo ikke lov til at stå og glyne med bart hoved ude i sneen, måske endda på bar strømpefod også, hvis man i javhasten havde tabt en træsko inden for den høje tærskel. Det vidste ens omhyggelige mor, hvad det kunne føre til, hvis en knægt stod og tog kuld. "Kom nu ind, min dreng, og vær et skikkeligt barn og læg dit vid ved det, så der kunne blive et Guds barn af dig, så skal du ikke få af riset denne gang." Sådan kaldte den moderlige stemme fra gangdøren; og der var aldrig noget lumskeri ved mor, så man kunne stole på hendes ord. Og når der så var blevet flæbet passende på begge sider, og man havde fået en tør strømpe på, så snurrede rokken igen sine sørgmodige melodier, og kokken galede i forstuen og på ABC'en, og remsen gik videre med "forlad os vor skyld, som og vi forlade vore skyldnere!" Sådan lagde mor grunden til kristendommen i vore hjerter, efterhånden som vi voksede til riset. Måske ikke metoden var helt uangribelig, men mor kendte den ikke bedre og det meste af hendes samtid da for øvrigt heller ikke. Alt dette foregik i dagligstuen foruden meget mere, som vi vil gemme til en aftentime.

I en lille adskilt del af dagligstuen var mine forældres "sovekammer". Her herskede, som tidligere bemærket, bedstefar, som dagen lang syslede med sine halmkurve, når ikke han var ude på studehandel eller anden vidtløftighed, thi i nærheden af ham lå altid hjemmets stormcentrum, hvorfra uvejret kunne rejse sig, når man mindst anede det. Men bedstefar skal have et helt kapitel ved en senere lejlighed. På det foreliggende tidspunkt dannede han kun en slags baggrund for mors bestræbelser. Når riset faldt over ens lokkede hoved, og barnets hyl steg mod loftet, kunne man høre en tilfreds rømmen derinde fra den gamle i indelukket. Nu gik undervisningen rigtigt fra hånden, nu var der mening i tingene! Vorherre fik nu det, der tilkom ham. Det glædede ham at skønne, at hans sæd spirede. sådan havde han jo nedlagt Guds ord i mors hjerte, da hun var lille. "Anden vej til salighed var der ikke, dæwlen brækk' mig!" Denne dystre baggrund lagde unægteligt alvor i religionsundervisningen og bragte os

unge til fra små at strenge os an til det yderste, for det var
den trussel, der svævede over vort hoved, og som mor
forblommet lod skimte igennem, at kunne hun ikke få os
til at lære vore bønner og "hjertesuk", så skulle bedstefar
få os til udbedring, og det kløede vi ikke efter. Og mor
brugte det også bare som blind alarm, for hun ville heller
ikke have os under hans hårdhændede tugt, så længe det
kunne undgås.

Om formiddagen fik mor sjældent gjort så meget ved
rokken, for hun skulle jo også have middagsmaden fær-
dig. Hendes gode tid om vinteren faldt fra kl. 1, til mørket
faldt på. Naturligvis havde hun ind imellem store svinke-
ærinder i køkken og bryggers, spisekammer og saltkam-
mer, på loft og i kælder, ja ud i grisesti og kalvebøvl.
Hendes rige var stort, alt overvågedes af hendes milde øje.
Og pigehjælpen var som oftest kun en tøs, som hun først
skulle lære alle ting. Alt det, som vi nu har væltet over på
fagfolk uden for hjemmet, bagning, brygning, slagtning,
spinding og vævning, hegling og farvning, strømpebin-
ding og lysestøbning, ja, jeg ville sikkert med lethed kun-
ne opremse endnu en halv snes fag og bestillinger, der
dengang alt sammen lå på sådan en lille spinkel kvindes
skuldre. Det var hendes ansvar, om det blev gjort; gjort
godt og gjort, når tid var. Og glem så ikke de stadige bar-
selsenge og børneflokken, der steg indtil 8, med alle de
tusinde krav til en mors hjerte og aldrig hvilende omhu.
De fleste af de håndværk, vi her har nævnt, fandt deres
naturlige ramme i frammers og bryggers, et par hæslige
rum uden varme; om vinteren altid gennemisnede af kulde
og træk, yderdørene utætte med fingerbrede åbninger
langs karmene. Sneen knøg ind ved tærskelen, så der kun-
ne ligge hele driver hen over de fugtige sten. Vestenstor-
men tudede som en varulv gennem de utætte luger og
gavle, vristede de møre døre op, jog gennem huset, så
træværket knagede, og ilden fra gruen stod alenhøjt op i

den åbne skorsten. Uhyre kold var den gamle fugtige kasse af et hjem i de strenge frostnætter. Rimen kunne ligge i gnistrende lag op ad ydervæggene inde i ens alkove om nattetide. Vel gjorde den gamle bilægger sit bedste, og inde under dens rustne underplade, hvor der var to små rum til hund og kat, kunne mis være så varm, at man næsten kunne brænde hånden på den; men inden man vidste af det, var den varme, der trak længere ud i stuen, forsvundet gennem tusinde dulgte sprækker eller suget ind af det mørke, fugtige ler under ens fødder. Derfor var gigten en så fremherskende pine og plage i de gamle bønderhjem. Og mor havde sin part at trækkes med. I den tids køkken, der var ukendt med et komfur, var der koldere end i et udhus. I den første tid, jeg husker, havde vi en åben grue i en muret skorstensfod. Bag ved den en jernlem ind til bilæggeren, der altid gabede grådigt efter mere. Over gruen eller lidt til venstre havde man den åbne skorsten, med en lav skorstenspibe oven ud af taget. Det var et rent eventyr for os små at stå der og kigge op i himlen og de drivende skyer. Men heller ikke ufarligt, for bedst som man stod med opspilede øjne og glubsk fantasi, kunne der dratte en sodklat højt oppe fra ned i ens ansigt. Det kunne svide i øjnene i mange dage, men dog ikke afholde en knægt fra at gentage forsøget, især når der var rigtig skydrift over himlen, eller den var særlig klar og frostblå. Det hændte, at ens mor formørkede denne himmel ved at hænge sine fårelår eller rullepølser til røgning, da blev udsigten jo en kende grumset. Og havde man fået fat i et kosteskaft eller tapstangen og pirret til en af de træge fyre deroppe i skorstenen, så de kom i en svingende bevægelse, kunne det hænde, at den drattede ned i asken for ens fod, og så blev skyndsom flugt fornøden; thi om mor havde opdaget årsagen til, at en af hendes triveligste pølser lå på så lavt og nedrigt et sted som i askegraven, hvilke jammerfulde ting kunne der ikke være hændet! Nu tog hun det som en Guds tilskikkelse og fik sin pølse på plads igen. - I min fortælling "Julebagning" har jeg vidtløftig opholdt mig ved de mange små processer, der ved en husmoders duelige hånd omsider sætter det kære brød duftende og nybagt på bordet. Her i frammerset er jo netop stedet, hvor sidste akt af denne julekomedie udspilles med hele husets personale - små og store - fordelt over de forskellige rollefag, alt efter enhvers nemme. Der lige for os har vi den gamle bageovn, et for ethvert barn dragende og mystisk sted, når det ligger i dyb, uudgrundelig mørke, der ikke tillader nogen udforskning, men da især når det ligger sydende fuldt af vilde og knasende flammer, der fylder enhver med en vis angst, også den, der nærer disse flammer. Ingen "ildgerningsmand", der står i den svidende hede foran en sådan gloende ovn, hvori flammerne jager hinanden som onde ånder, kan fri sig for den tanke: Hvad om nu ovnen ikke er ganske tæt, hvad om du har overset et lille musehul, da du forinden opfyringen var inde for at kline den og gå den efter i sømmene! Den mindste efterladenhed her kunne lægge en gammel gård i aske på mindre end en halv time og bringe en familie til fortvivlelse, om ikke til betlerstaven. Så dette at fyre i bageovnen blev i mit hjem aldrig betroet til nogen anden end far selv. Et mere spændende, ja rystende skuespil kunne vi børn næppe overvære, men det var kun i korte, stjålne øjeblikke, at vi små fik lov til at stikke blot hovedet inden for køkkendøren, når det stod på. "Hvad håj vi dér å komm' atter?" At tage en så alvorlig akt simpelthen som et skuespil - det var jo ligefrem ugudelig gerning! Leg med ild sad altid som lurende rædsel i de gamles sind fra den tid, da al assurance var ukendt, og da bare en trussel om ildspåsættelse kunne føre til retterstedet eller i det mindste til livsvarig indespærring. Men havde en knægt trods alle advarsler vovet skroget og var krøbet hen over frammersgulvet, hvad så man så ikke derinde i den vilde ovn, gennem den af sit ansvarsfulde arbejde optagne fars skrævende ben! Det var som at opleve bedstefars dommedag og den evige ild, når han læste op af "Den bedendes Kjæde". Flammer, der rasede, knaldede, knasede, krøb over stenånen, rejste sig i et nu mod hvælvingen, slog hovedet mod de mødende sten, så de atter drattede ned på knæene, mens de dansede snart med hovedet oppe og snart dybt nede i et vildt og brølende favntag. Vilde naturkræfter tvunget til lydighed af en svag, lerklinet teglstensmur! - Man blev blindet af heden og den gloende ild og krøb snart tilbage over tærskelen for hviskende at fortælle om sine farefulde oplevelser til de mindre, der havde været for rædde til at følge i ens kølvand. Det, der gjorde ovnen til det mest mystiske og gysevækkende sted i hjemmet, var også, at til dette sted, der til daglig henlå i den dybeste skummelhed, henførte ens mor, kraftig bistået af tjenestepigen, bussemanden, ræven og andre problematiske uhyrer, der optrådte med så megen virkning i datidens usentimentale pædagogik. Der er næppe nogen af barndommens guder, onde eller gode, jeg har troet fastere på end bussemanden. Hvordan han så ud, har jeg som lille aldrig haft dristighed til nøjere at eftertænke. Mine pædagoger ikke heller. Den blotte nævnelse var nok. Bussemanden talte for sig selv. Ovnen var hans, det var klart nok! Og stod ikke far nu og talte mystiske ord med ens mor om at ilde den sorte mand ud af ovnen! Ingen havde mod til at spørge, hvad der skulle forstås ved denne besynderlige glose, og jeg fik aldrig rigtig forståelsen af, om det var bussemanden, der havde fået det lovlig hedt under disse forhold og havde foretrukket at forlægge sin residens til mere kølige steder. Men når ilden var slukket og brødet bagt og bageovnen atter lå fuld af gabende mørke, så gjorde den stadig tjeneste som hidtil. Kunne ikke andet tvinge en vild unges nykker og obsternasighed, - et kraftigt tag i hans trøjekrave og en energisk trussel om at sæt-

te ham ind i ovnen til bussemanden satte al hans trods i
knæ og fik ham på timen til at love bod og bedring. - Til
de regioner af huset, hvor vi nu befinder os, var også øl-
brygningen henlagt. I modsætning til bagningen er alt her
idyl og skønhed. Her var den gamle, blanke kobberkedel,
der kunne rumme 2 tønder byg, det blankskurede midt-
punkt. Familiebrygningen er for min barneerindring fuld
af en række sødt duftende enkeltheder. Jeg vil trække dem
på snor, en for en. Først er der malten, i og for sig en lang
proces, som begyndte allerede ude i loen, den hundredår-
gamle tærskelo lige for vinduerne, hvor favnelange spin-
delvæve hang ned fra hanebjælkerne og svingede som tov
for vindtrækket, når plejlen gik sin plumpe og rytmiske
gang over de opløste neg. En dag lå så bygdyngen fejet
sammen midt på logulvet. Så hentede far et par af de kraf-
tigste stude, han havde i nødset, og efter at de havde fået
klovene omhyggeligt renset for skidtet, blev de trukket
hen til ladedøren og under meget postyr ført ind i loen.
Gud, hvor de skabte sig, når de lange skanker skulle over
den næsten alenhøje lotærskel! De klodsede kroppe skra-
bede og gned imod balkerne og de snævre dørkarme. Ho,
ho, lækker byg for tanden, tænkte studene og slog muler-
ne i den fristende korndynge; men sådan var det ikke me-
ningen. Bibelens ord: Du skal ikke binde mulen på den
okse, der tærsker, gjaldt ikke i mit hjem i bygladen. Nu
begyndte der en runddans, der kunne gøre både stude og
mand drejesyge. Rundt og rundt på den snævre lo gennem
den toppede korndynge, der strittede ud til siderne, men
skubbedes tilbage igen. Det gjaldt jo om at få de stikkende
hajser trådt af byggen. Det kalder bonden at kjørne den. -
Studenes åndestråler vældede skoldhedt ud i det sejlende
støv og stod som varme skyer ud af de åbne logab. Dyre-
ne havde øjne som kontorkopper, og de gloede dumt og
trodsigt ud af døren, mod hvilken de hvert øjeblik gjorde
flugtforsøg. Til sidst gik de dog lydige og rundtossede,

inde i en tæt sky af deres egne uddunstninger, siden det nu ikke kunne være anderledes. Engang imellem hørte man deres svære horn knalde sammen, mens de slentrede videre gennem den stentende byg, der omsider blev tragtet og prøvet i fars trofaste hænder og erklæret god nok for denne gang. Hvor var de møre, studene, efter en sådan omgang, og dinglende trætte og grødhjernede førtes de tilbage til deres bås.

Oppe på det skumle, men oh, så eventyrlige loft over det gamle stuehus stod der lige over den svære bilægger en halmkurv, gammel som Methusalem. Den største jeg i mine dage har set, ja, den var så fornærmelig stor, at jeg aldrig, så længe jeg mindes, selv blev så stor, at jeg kunne kigge over dens rand. I denne for mig så meningsløse kurv, der var en af de få ting i hjemmet, jeg ikke har haft min næse i, styrtede far en dag fra sækken den kjørnede, smukt rensede byg, som nu ved mystiske processer, som kun far kendte, skulle forvandles til noget andet. Da jeg ikke her har været medvider, tier jeg stille. Men en dag kom mor ned fra loftet med en kurvfuld byg, der nu pludselig havde fået navneforandring og kaldtes malt. Og nu er jeg i stand til at knytte fortællingens tråd, for nu har jeg selv været øjenvidne. Og mor gik lige hen til min sorte ven, kakkelovnen, steg på strømpesokker op på en stol og styrtede kurvens indhold ned over ovnpladen. Her var den øverste plade, der brændte som en stegepande, indkranset af en kvarterhøj, kønrøgssværtet ramme med denne anvendelse for øje. Når mor atter havde taget sine træsko på og havde trukket sig tilbage, var jeg ikke sen til at komme op på stolen og se, hvad det var for noget mystisk, hun havde haft i sin kurv. Og her lå nu malten i uregelmæssige klumper, hvor lange krogede spirer som hvide orme havde flettet det hele i en hob, og en sød duft af gro og gæring kildrede én i næsen, så man kom til at nyse. Nu vidste jeg altså, hvad der havde været i den store århundredgamle kurv på loftet. Et par gange om dagen kom mor og rørte i malten, og en sød mættende duft gik hen under bjælkerne og gav den gamle stue en parfume, som den havde brug for. Og en dag blev jeg og min bror så sendt til mølle med en lille maltsæk på nakken. Det var en meget attråværdig gang, for den gamle vandmølle i Trevad var ikke noget kedeligt sted for en opvakt dreng. Og man kunne gå omkring, hvor man ville, mens malten blev malet, og se på de snurrende hjul og de drejende kværnsten. Ikke at forglemme det vældige, brusende vandhjul, der indtil det tidspunkt var det største vidunder, jeg havde set. Og hvilken betroelse var det ikke at komme tilbage til hjemmet uden uheld med den duftende, malede malt på sin spinkle ryg. Endnu synes jeg at kunne mærke den inderlig varme plet mellem ens skulderblade efter det friskmalede malt. Og nu begyndte mor med sin aldrig svigtende snilde at brygge hjemmets øl. For min mund havde det altid en særlig velsmag, ikke mindst da juleøllet. Mors færd ved ølbrygningen blev altid ved at stå for os børn som en gåde, uden naturligvis for den af os, min ældste søster, som hun indviede i hemmeligheden. Drengenes del indskrænkede sig kun til at drikke øllet og for øvrigt holde sig smukt ved en side, mens det alvorligste stod på. Det var en stor nådesbevisning for et mandfolk, stort eller lille at blive kaldt til bagdøren, hvis ene halvdel kunne slås om mod væggen, og få lov til at smage på urten i mors øse. Sådan har jeg set far stå talrige gange, mild i øjnene og med en god skæmt tage mors øse over halvdøren. Han kunne se så kærlig på sin viv i sådan en stund. Han fik ikke meget sagt, men i hans øjne og hans mine stod at læse: Du har en dygtig kone, Jens Peter, en rar og en køn kone også! Når far og mor havde vekslet dette tavse øjekast, forsvandt de atter i travlhed hver til sit. For inden solen gik ned, skulle mor være færdig og øllet stå for døren for at svales. Her er atter et mysterium: Hvordan har

mor fået disse store ølkar ud af den snævre dør og fået
dem fyldt af rygende øl! Vi små var mest tilbøjelige til at
tro, at det var gået til ved en slags tilladelig trolddom, vi
fik jo ikke lov til at komme i bryggerset, kunne derfor
ikke følge sagen i hele dens udstrækning. Pludselig stod
ølkarrene der, et ved hver side af døren, og her skulle de
helst stå natten over. Jeg mindes disse sommeraftener, når
også mosekonen bryggede derude i de brede enge, næsten
som ville mor og hun kappes i færdighed. Hendes dampe
fyldte hele ådalen; mors øldampe indskrænkede sig til
nogle tynde grå hvirvler omkring brønden; de duftede en i
næsen, når man postede vand op til føllet. Et vibeskrig
eller lyden af en trækkende havfugl kom ind af gårdsled-
det. Storken sejlede ned over sin rede på lademønningen
og slog med de lyse kastagnetter mellem de ventende
unger, så det klang mellem de hvide huslænger. Stjerner-
ne deroppe kom ud i deres sommerblå, aftendisede vindu-
eskarme og spejlede sig i mors ølkar. Oh, barndommens
dage, hvor rige I er på minder! Endnu dufter det i mit sind
af mors øl for bryggersdøren.

Som mor selv besørgede brygning og bagning, sådan
besørgede hun også al husets slagtning af får, spædekalve
og julegalten. Nu kan bondens datter jo knap hugge hove-
det af en høne eller lægge en ål på stegepanden uden at
lave scener. Mor var ømheden selv mod dyret, så længe
det levede, men når det var blevet dets skæbne at skulle
dø, bragte hun det ud af verden uden sentimentalitet. Hun
førte kniven med en sikkerhed som nogen kirurg, ligeså
behersket mod fårets halsåre, som mod galtens rundbuede
nakke. Sådan så det i hvert fald ud, og sådan var det jo
bedst for ofrene. Hendes aflivningsmetode var sikkert
meget gammeldags. Nu stikker man jo ikke en gris i nak-
ken, hvad bonden altid gjorde i min barndom. Jeg tror
nok, at hun imellem stunder var ked af at skulle slagte,
især fårene, som hun jo tit havde født op som dæggelam,

der løb brægende efter hende og så troskyldigt lagde hovedet i hendes skød, når det skulle die af dæggehornet. Det var en hel gammeltestamentelig scene, når mor, forinden slagtningen gik for sig, løftede sit skørt op og løste sit lange hosebånd under knæet og bandt dermed dyrets fire ben bag den stol, på hvilken dets krop lå, for at det ikke skulle spjadre for vildt. Nu blev tapstangen drevet ned mellem de korslagte dyreben og stoleryggen, så kunne slagtningen fuldbyrdes i en håndevending. Dyret befriedes for blodet, der i en dampende stråle fløed ned i rugmelet i den sorte gryde, som en af vi unger rørte i med en slev, en meget betroet og ansvarsfuld gerning, da den dannede grundlaget for den sorte pølse med de gnistrende isterterninger, der lokkede som en løfterig lækkerbisken, når kvælden kom. Når dyret var aflivet, blev dets overskårne spiserør, den såkaldte vessing, trukket frem. På den slog mor en sirlig knude, for at dets gylpninger ikke skulle smuske kødet under flåningen. Fårene fandt altid døden i det lille frammers. Galtens skafot blev derimod altid rejst i bryggerset. Men da jeg har givet en så omstændelig skildring af galtens slagtning i min novelle "Når pølsen koger", skal jeg her fatte mig i korthed.

Det var et besynderligt lune, der engang i en fjern fortid havde bragt det skidne bæst under tag med kristne mennesker. I dens sti i bryggerset logerede galten gennem hele min barndom som en slags aftægtsmand. Der havde den for umindelige tider siden fået sin plads, og ingen kunne tænke på at flytte den. Dels er det altid vanskeligt at bryde gammel vane, dels var det jo også forbundet med udgift. Svinet blev gående og udfoldede hele sin svinenatur uindskrænket. Den var aldrig til gene for os børn, tværtimod, det var en stor plaser at stå og passiare med grisen, at klø den i nakken og fodre den som en kanariefugl, hyppig naturligvis med forbudte varer. Det første, man vågnede ved om morgenen, hvis mor havde ladet køkkendøren stå åben, var galtens grynten og utålmodige hyl, når han syntes, der blev vist ham for lidt opmærksomhed. Som sagt, grisen havde sine hyggelige sider, men det kan ikke nægtes, at den også havde andre mindre hyggelige. Dens stank var naturligvis grusom generende, især med vestlige vinde, huset vendte øst-vest, og grisen var kommet i vindhjørnet. Når sommervarmen tilmed gjorde dunsterne flygtige, var galten ikke nogen hyggelig "aftægtsmand". Jeg kan derfor ikke tro andet, end at det var mor en særlig glæde at slibe den lange hjemmesmedede stikkniv på den høje sandstrøede tærskel og med den give den utålmodigt skrålende slughals det sidste velrettede dolkestød. Det var egentlig et sært syn at se denne lille spinkle kvinde stå inde mellem en flok stærke mænd, der ikke foretog sig noget videre uden at holde ved benene og kigge beundrende på Katrine, mens hun alene gjorde alt det, som man syntes, de rettelig kunne have udført. Men få havde hendes håndelag, så grisen havde ikke noget at beklage sig over, skønt Gud skal vide, den gjorde det såmænd endda, og det både lydeligt og tydeligt. Når grisen var slagtet og skoldet og skrabet, så at den aldrig havde været så ren i sine dage, så blev den af stærke mænd løftet op og sirlig strakt langs ad den gamle langbordsskive i dagligstuen. Herre jemini, hvor var det spændende for os unger at se det vældige dyr, der næsten fyldte hele rummet under bjælkerne, mens bordpladen formelig buede sig under sin byrde! Nu kom der for alvor en travl dag for mor og hendes medhjælperske. Men den sorte pølse stod dog ved kvældsnætter og dampede som en offerkedel mellem megen lækkersulten ungdom. De ituhakkede løg, der havde været strøet over bordene, bed i øjnene og drev med duft af knust ingefær og allehånde ind under de musegnavede loftsbrædder. Men før midnattens måne rejste sin sølvskive over den dunkle lademønning, havde mor fået julegalten parteret og lagt i salttruget i det fjerne, skumle næsten

vind.uesløse saltkammer, hvor hun gemte sine sparsomme
forråd. - Dette skumle hul, saltkammeret, havde vi børn
ingen grund til at ynde; lad mig med det samme fortælle
hvorfor. Katrine var en omhyggelig husmoder, men hun
glemte heller aldrig sin opgave som pædagog. Det ene
skulle passes, det andet måtte ikke forsømmes! Havde hun
nu tænkt på husets forsyning af god mad og flæsk, så
ingen kunne komme til at lide nød, selv i den længste
vinter, så måtte hun også ihukomme sine pligter over for
Vorherre, at hun holdt ungernes uregerlige vaner i ave. En
dag, når grisen havde ligget nogen tid i salt, bandt mor et
tørklæde fast under hagen, trak en skarp kniv ud af bjæl-
ken og gik med en god, beslutsom mine ud af døren og
forsvandt bag kålgårdlågen. Jeg har en vinterdag som
mindreårig purk været med på sådan en ekspedition, når
sneen mellem kålene gik både mor og mig til knæene.
Mors ærinde i kålhaven på denne tid af året var intet min-
dre end at forsyne huset til fornødenhed året om med ris
til børnenes bag. Jeg var altså selv en af delinkventerne,
men i øjeblikket var der jo fred og ingen fare, så jeg var
ganske ivrig i tjenesten, og mor animerede mig og roste
mig for min iver til at finde de allermest tjenlige kviste.
Inden for det gamle, halvt nedfaldne kålgårddige stod en
række urgamle gråpil, som i vilde vinternætter fyldte
hjemmet med deres klagende sus. Den altid villige storm
for med raseri først i deres grå parykker, før den nåede
frem til tag og mønning. De havde et tungsindigt, forrevet
udseende og fik aldrig lov til at udfolde sig efter deres
natur. Bedstefar plyndrede dem ubarmhjertigt for "woller"
til sine halmkurve, og mor tog som oftest resten, som hun
brugte i opdragelsens tjeneste. Mor var ikke meget for at
kravle, men her var jeg en svend. Jeg for rundt i de gamle,
krogede piletræers mishandlede kroner efter mors knappe
anvisning, og fandt jeg en særlig smidig og god kvist,
rakte hun kniven op til mig, jeg skar den af og smed den

ned i sneen til hende. Når mor således havde fået forklædet fyldt af saftfulde, smidige pilekviste, en alen lange eller så, gik ekspeditionen den samme vej tilbage. Jeg havde mor ved hånden, stolt af værdigheden som hendes betroede kammersvend. Jeg tænkte kun lidt på, hvor argt det ville komme til at svide til min bagdel mangen en stund senere. Mor gik med sin fangst lige ind i saltkammeret, hvor den gode lage nu havde den rette saltholdighed. Her sænkede hun risene et for et i den blodigrøde væske, der omgav den parterede gris' flæskede sider. Mor og jeg talte under denne alvorsakt fortrolig om tingene og metoden, og jeg fandt intet at udsætte. Herfra har man udtrykket "at lægge et ris i saltlage". De bløde pilevånd blev her blanke og smidige og seje som læderremme, og saltet i dem bed sig godt fast i en blød barneende. Jeg har mange gange med nogen gysen set mor forlade sit travle dagværk og gå ind og fiske et nyt ris op af saltkarret, når det gamle var slidt i laser. Hun havde et stykke uldgarn med sig, thi de fleste af risene var tvegrenede, så blev de snoede, og mor, der i alt var en omhyggelig kone, bandt med det grå uldgarn trofast og solidt om risets top. Somme tider skulle riset bruges med det samme, det var det, der bragte mig til at gyse, somme tider blev det dog sat i hvil på sin plads ved æggespjaddet i køkkenet. Så fik ens hjerte atter sit vante slag, der var ingen skyer på himlen denne gang.

Vi har i det væsentlige set dagligstuen i dagsbelysning. Lad os forsøge at tage et syn over den på en vinteraften, når kreaturerne er røgtet ind rundt om i staldene, når dørene er pindede, og hønsene har fået deres "told" i hullet. Det blev gerne sent, inden karlfolkenes træsko begyndte at skramle over stenbroen mod forstuedøren. Gamle Jeppe, min bedstefar, "gammelfår", som vi kaldte ham, der ikke yndede at arbejde ved lys, havde allerede skubbet sin halvfærdige halmkurv fra sig og stod nu harkende og spyttende i sovekammerdøren, hvor han ventede på sin melgrød. De øvrige, store og små, fik hver aften byggrød, den der spøgende kaldtes hangrød, formodentlig på grund af dens storgrynede og massive væsen. I den grad blev vi børn forgivet i hangrøden, at jeg aldrig har kunnet komme overens med den, siden jeg selv har kunnet bestemme min spiseseddel. Men der er ikke tvivl om, at det var en både billig og nærende ret. At den også var sund, derfor taler vort helbred inden for søskendeflokken, hvoraf endnu alle er i de levendes tal. Når grøden var blevet spist og resterne taget af bordet, fordeltes besætningen efter regler, der omtrent var lige så faste, som de der hersker om bord på en skude. Kun én havde ledige hænder, det var gammelfar. Han havde, fanden brække sig, udrettet nok i sine dage! Han anbragte sig i husets blødeste stol med sin ryg til verden og sine hvide sokkefødder på kakkelovnspladens forskive. Her sad han med sin lodne klaphue på; enkelte gamle havde også vanter på ved kakkelovnen; det har jeg dog ikke set ham med. Her fortalte han nyt og hørte gerne på nyt, om en vidste noget, men drejede ikke nakken en kende. Han var i det skjulte husets hersker. - Den eneste, der turde slå en skid i laget. Der var langt muntrere i den gamle stue, når han ikke var hjemme, men kom han hjem, tit langt over midnat, kunne det hyppigt blive muntert nok, når han fyldte rummet fra øverst til nederst med eder og brændevinslarm. Men det har jeg skrevet udførligt om i "Bondens søn" og skal ikke her gentage. Bedstefar, Jeppe Sørensen eller gamle Jeppe Aakjær, som han hyppigst kaldtes, døde, da jeg kun var 8 år. Der står kun frygt for ham i mit barneminde. Men min moster Sine, hans yngste datter, der naturligvis har kendt ham langt bedre end jeg, har adskillige milde træk at fortælle om ham, der vidner om, at han var bedre som far end som bedstefar. Han var født der i gården 1810, og har aldrig mig bevidst været andre steder. Han blev gift med en kvinde fra Staunsbjerg i Daugbjerg Sogn, der skal have været meget smuk, og som han holdt meget af. Der blev ikke så få børn, men hun blev brudt ned i sine kraftigste år, døde af brystsyge i 1859, altså 7 år før jeg blev født. Men der er blevet fortalt mange venlige og smukke træk om denne kvinde, hvis minde min mor aldrig dvælede ved uden tårer. Dette dødsfald har min bedstefar øjensynlig ikke kunnet bære. Han begyndte nu mere end ellers at strejfe ud fra hjemmet, søgte med forkærlighed de mange små hedemarkeder i Sjørup, Gjelleruplund, Ulfborg, Holstebro og Skive. Her var han en kendt opkøber af de brogede og stridhårede små studekalve, de såkaldte ovnere, som hedebønder kom trækkende med ad de milelange, snoede ensporveje. Bedstefar blev en af de sikreste markedsfigurer, men når han havde fået "en hund i æ reb", dvs. en rus - og handlen gik livligt med mange puncher og høje næveklask, kunne han ta' på og skråle op, så det kunne høres over det hele marked. Sådan var han vant til at være midtpunkt i skrål og larm ude, og det blev mere og mere vanskelig for ham at afstå fra denne vane hjemme. Hans svirebrødre fra markederne søgte ham op i hjemmet eller i smugkroer i hjemmets nærhed, og sådan førte han en tyk, mudret strøm af brutalitet og den argeste råhed ind over min barndom og mit barndomshjem. I en uhyggelig grad gik det ud over min mor; min far veg til side, når han begyndte at larme op, forsvandt i udhusene eller gik i marken med hestene, men mor måtte blive og stå for skyllen, om den end var aldrig så drøj. Hun var egentlig ikke selv mundlam, men enhver protest over for fuld mand var ørkesløs. Så trak mor sig også ind i sit under stride, men afmægtige tårer. Der er ikke det ringeste overdrevet i, hvad jeg med uskånsom virkelighedstroskab har fortalt i "Bondens søn" om denne bedstefar, efter hvem jeg har navn. Men der er måske nok noget, der skulle tilføjes - af andre. Hans anger, når han blev ædru, en anger, der dog mig bevidst aldrig gav sig udslag i ord, snarere i en vis skamfuld skulen og en holden sig for sig selv. At bede om forladelse lå ikke for hans stemme. Det er næppe for meget sagt, at der gik et lettelsens suk igennem huset sammen med denne stridige oldings dødssuk den nat, han udåndede. Der var meget at skure og feje op efter ham og hive på askemøddingen, og skurevisken skulle lægges godt ad, om den skulle få det med alt sammen. Jeg tænker altid på ham som en tordensky, fuld af lyn og hagl, der ganske vist for længst er drevet over, men stadig har sænket noget af sin uhygge i barnesindet. Det milde vejr, som andre vil have oplevet i ham og omkring ham, kan jeg intet fortælle om, da jeg ikke har oplevet det. Jeg har tit spekuleret over, hvad der kunne være i denne bedstefar, som kunne være gået i arv til mig. At der må være en del, er jeg klar over, da arven fra mors side er langt den stærkeste i mig. Bedstefar var absolut et godt hoved med næppe helt almindelig intelligens. Hans håndskrift er ret ordentlig, dog ikke nær så god som hans fars igen; den er enestående, når man husker på, at her er tale om bønder fra tiden omkring det 18. århundredes slutning. "Gamle Jepp" var ret anset i sin kreds. Hans myndighed, der for mine barneøjne tog sig ud som den stærkeste selvrådighed, har vel også forstået at skabe respekt omkring ham. Men jeg var til trods for navneopkaldelsen ikke i hans kridthus. Når han kom hjem fra marked og havde solgt et par stude godt, kunne han give min ældre bror Jens en blank rigsdaler, fordi han havde passet studene. Men jeg, som bildte mig ind at have passet dem ligefuldt, mig gav han aldrig noget. Ja, med undtagelse af de læsterlige klø, som han betænkte mig med i tide og utide, kan jeg egentlig ikke huske, at han overhovedet har vist mig nogen art af venlighed. Der, hvor denne skikkelse står, er der en mørk horisont, et afspærret land, som jeg ikke kan komme ind i. Jeg vedgår min afmagt! Hans store udskejelser på

brændevinens område krævede omsider sin ret. I foråret
1874 fik han et stort sygeleje, han gik og skrantede længe,
måtte så gå til sengs og stod heller ikke op mere.

Inderst inde tænker jeg nok, at jeg med nogen skadefryd
var vidne til, at den hånd lammedes, der havde svunget
riset så skånselsløst imod mig. Sygdommen blev heftigere
og heftigere, vistnok en mavekræft, den gamle hostede
lidelsesfuldt og fyldte natten med jammer og opkastnin-
ger.

En morgen var så det hele forbi. Radmager lå min sen-
gekammerat i dynerne og åndede ikke mere. Hans lille
bliktobaksdåse, der for andre var den urørligste genstand i
huset, stod på sengestokken, uden at han havde forsynet
sig af den til den ellers så uundgåelige morgenskrå, og
den tunge klukflaske, der var skjult i det lille grønmalede
hængeskab ved alkovens fodende, hvor den stod ved siden
af en stor spølkum med blanke speciedalere, fik denne
morgenstund lov til forholde sig afventende, - den første
gang i utalte år.

Snart kom nabokonerne vimsende ind i den lille beklum-
rede stue, og jeg blev vidne til et skuespil af en egen dra-
stisk art, idet konerne skulle vaske liget. Sligt havde jeg
aldrig set før eller anet. Det var Margret' til Troelses, der
med myndig hånd anførte skaren; de vendte og drejede
min gamle knudrede og kantede bedstefar fra den ene side
til den anden, indtil han bogstavelig lyste af renhed, - ja så
ren havde bedstefar aldrig været, og aldrig attrået at være.
Thi bønderne dengang vaskedes kun to gange i deres liv:
når de fødtes, og når de døde. Begge gange uden deres
egen vilje eller vidende. Da nu alt var bragt så vidt, kom
det allermest spændende: Bedstefar skulle lægges på strå.
Det kunne konerne ikke være ene om, her måtte mands
hænder til. Far og vist også tjenestekarlen blev kaldt ind
fra loen, og så kom der en scene, der kunne minde én om
gamle middelalderlige billeder fra nedtagelsen af korset.

Jeg blev jaget væk, men var der selvfølgelig igen, og fulgte fra en krog det hele med årvågne blikke.

Oppe i storstuen var der lagt et par døre over nogle skamler. Her bredtes der et stort halmknippe ud, og her lagdes bedstefar hen i det fineste puds, ja jeg havde aldrig set en dragt så skøn, syntes jeg, - den var af lutter papir, der struttede for hænderne med lange udtungede manchetter, og også udtungede linninger gik op i bedstefars stride hageskæg.

Oh, hvor det hele var forunderligt, - hvad om bedstefar havde kunnet se sig selv, han som jeg aldrig havde set med andet end vadmelsklæder og en lodden klaplue! Nu lå han her på det gule halm, i en dragt som den fornemste prins. "De bedendes Kjæde" var lagt mellem hans knyttede hænder, og en af de gamle speciedalere på hvert af hans øjne, da de ellers ville åbnes. - Jeg ser endnu for mig den besynderlige scene, hvor man slæbte af med bedstefar, tværs over stuegulvet ind gennem forstuen og videre mod storstuen. Tyrannens magt var brudt, hans scepter, riset, knækket i hans magre hånd. Alligevel var jeg ikke dristig ved ham. - Så længe han lå der oppe i storstuen, gik jeg ikke ud af den almindelige gangdør, men ad bryggersvejen.

Sådan lå bedstefar en 8 dage, indtil begravelsen, med dens mange gæster, kunne fejres. Dagen før blev han på sit lad lempet hen i vognskuret for at give plads for gildesbordene med gæsterne, der skulle spise frokost, inden vi kørte den gamle til graven. Der blev drukket mange gode dramme til sådan en frokost; det kunne tit gå støjende til, når et lig skulle køres af gårde.

Dette mindes jeg dog ikke noget om her, derimod husker jeg, at en af bedstefars gamle svirebrødre, den herlige og muntre gamle svensker, Jakob Buhman, kom til gårde et par dage efter, at de havde lagt bedstefar hen på sit stråleje.

Den joviale landevejsstrejfer og Bellman-sanger, for det var han også, gik meget nedbøjet hen til bedstefar, strøg sin hue af, klappede ham på hans kolde kind og sagde, mens tårerne randt ned i hans filtrede skæg: "Farvel gamle Jeppe, nu drikker vi to ikke flere snapse sammen." De havde ikke drukket så få og altid været på farten over heden, i de dampende sommernætter, når de trak med deres småstude fra marked til marked. (Se "En omløber".)

En uhyre byrde var med dette dødsfald taget fra mit hjem og mine forældres bøjede skuldre. Alligevel kunne de ikke dy sig, for endnu engang at binde sig til en aftægtskontrakts snærende bestemmelser. De var jo så fattige, at der måtte regnes nøje med nogle hundrede kroner, som de havde udsigt til at vinde. Det må have været i efteråret 1877, at vi fik den næste aftægtsmand i mit hjem. Han hed Knud Chr. Petersen, og havde været gift med mors søster. - Jeg har tegnet ham uskånsomt, men uden overdrivelse i "Dorres Kat". Da denne min moster, Dorothea, var død af brystsyge (1871), blev Knud i en række år ved at sidde som enkemand i et hus oppe på Feldborg Hede, men han var blevet svagelig, havde gennemgået en operation for stær, led også stærkt af sukkersyge, han kunne med andre ord ikke klare sig alene. Der blev så truffet den ordning, at mine forældre skulle tage imod ham, give ham husly og pasning i enhver henseende, imod at de fik en sum, jeg tror 1600 kr., ved hans død, som alle ventede ville indtræffe snart. I vort tarvelige hjem, der knapt havde plads til dem, der var i forvejen, blev der nu afskilt et lille kammer, der gik fra dagligstuen ind i spisekammeret; skrækkeligt lille og fugtigt var dette værelse, det eneste vindue mod nord, et grusomt hul at bo i for et gammelt sygeligt menneske, men det kunne ikke skaffes bedre, og Knud syntes heller ikke at have haft noget større at udsætte på værelset. Derimod viste det sig snart, at der var meget andet, han havde adskilligt at udsætte på.

Hjemmet var jo fuldt af børn, der lå altid et i vuggen, og de andre var fulgt hurtigt efter hinanden. De legede og støjede som børns natur er, og det skar denne gamle pirrelige og vanskelige svækling til marv og ben. Hvad var det dog ikke for et tåbeligt indfald at indføre denne eneboer, en særling og menneskehader i dette hjem, der var overfyldt af små og tyende!
Min stakkels mor, der havde hundreder af byrder i forvejen, skulle nu have dette sygelige og gnavne mandfolk trædende sig i hælene på hver time af dagen.

Jeg ser ham endnu for mig, når han kom inde fra sit halvmørke og fugtige hul, med en sort stegepande i hånden, i hvilken mor havde serveret ham en eller anden lækker yndlingsret. Fedtet løb ham ned af den næsten kvarterlange hage, øjnene så ondt omkring på os børn, der røg op i krogene for ham. Han skulle ud i køkkenet for at plage mor for mere æde; for altid åd han, og som alle sukkersyge folk, det fedeste der kunne præsteres. Altid stank der af urin inde fra hans kammer. Han var fritænker, den første gang jeg hørte dette ord nævnt, og afskyedes derfor af omgivelserne. Om sommeren udsøgte han sig den mest solhede plet, der kunne opdrives; her lå han bagved laden, mens hønsene kaglede inde i nælderne, og kalvene bissede med raslende tøjrepæle forbi eller hen over hans lange ben, der kunne række favnelangt ud i marken.

Han lå altid på maven, med benene bøjet tilbage hen over bagen, som en kæmpegræshoppe, eller knæler, som han allermest lignede med disse sine lange savtakkede ben. Jeg frygtede ham som selve den onde. Han sagde da heller aldrig et godt ord til noget barn, foretog sig intet nyttigt, læste sin avis og lod sig branke af middagssolen. Fra sin lynghede, hvor der ikke fandtes et træ, var han vant til den brændende sol, og gassede sig i den som hugormen og andet landsens kryb.

Det var en utrolig lettelse, da han blev ked af menagen i mit hjem og lod alt sit ragelse læsse på skravvognen for atter at drage tilbage til den ørken, som han trods alt ikke kunne undvære.

Mor fik travlt med at rense hjemmet efter "Knud hin Gamle", og kunne herefter dy sig for at tage flere aftægtsmænd under sit tag. Få år efter var han død, men den smule liggende fæ, som havde fristet mine forældre til dette mislykkede eksperiment, gik komplet deres næse forbi.

Men vi vender tilbage til den gamle dagligstue. Vi havde derhjemme foruden os selv kun to tjenestefolk, en karl og en pige; engang imellem, når karlen var spinkel, en tøndetærsker, der havde akkord på at banke kornet af udlæggets nedkastede traver og lave langhalm til tækketag. En sådan daglejer var Kræn Romlund; den første der, så underligt det lyder, førte mig ind i dansk litteratur. Han var som så mange bønder et besynderligt sammensat menneske, en kvartalsdranker, der i lange tider aldrig var ædru, drak hver skilling op, han tjente, løb på sine grinagtige ben, der var korte og krumme som pindsvinets, over kær og grøfter til den fjerne landhandler for at hente brændevin. Når han havde forladt pladsen, fandt vi rundt om i halmen hans halv- eller heltømte flasker om ikke just i snese-, så i dusinvis. Under sit arbejde havde han taget en slurk her, en slurk der, stukket flasken ind i halmen og i sin fuldskab glemt den, og stak så i rend efter en ny flaske, der fik samme skæbne. Men Krejsten var en herlig fortæller, hvad han én gang havde læst, sad fast i hans hjernevindinger som et gåsedun i en begkage. Han kom til mit hjem med stumper og stykker af Blichers noveller, som han halede frisk op af hukommelsen og fortalte som et folkeeventyr. Især stykket om Hjorterytteren, med navnene Sorte Mads, Skytten, Mikkel Rævehale, gjorde et uforglemmeligt indtryk på mig. Men Krejsten kunne endnu mere. Det store jyske digt "Skalle-Laust" foredrog han uden en snublen fra ende til anden, selv om det er ca. 20 trykte sider langt. Det var det første jyske digt, jeg overhovedet havde hørt, og dengang foruden Blichers det eneste af nogen værdi. Jeg glemte det aldrig! Jeg mindes endnu den underlige lille skrutryggede trold med det store smil og den hule brændevinsgrove og grødede stemme i dyb taknemlighed. En besynderlig blanding af et menneske. Han blev senere gift med vor daværende tjenestepige, den trofaste Line Fix. Hun fik næppe en god stund med ham. Han, som kunne sidde aftenen ud på min fars bænk og klappe os børn og fortælle os de muntreste historier, samtidig med at han skar vildmænd ud til os med sin tollekniv, han lod sine egne børn drive for lud og koldt vand og lod stakkels Line ene om hele forsørgelsen, mens han drak som en sindssvag og kun kom hjem med prygl og ubehageligheder. Et gådefuldt menneske til hans livs ende, der kom for ikke så særlig mange år tilbage. Line lever endnu over de 80. Da jeg sidst så hende på et alderdomshjem i Viborg, hvor hun har det så godt, som hun aldrig har haft det, mindedes vi sammen mine barneår. Hun var mors trofaste hjælper, da jeg blev født. Jeg havde næsten ikke set hende, før jeg nu opsøgte hende. Hun var fuld af gammel god skæmt og meget oplagt til at fortælle; på hendes egen djærve måde formede hun sin tummel med mig, da jeg var bitte, i de sikkert sande ord: "Du kan endda tro, Jepp', te a hår tar di røv manne gång!" Og så græd hun, den gode gamle Line, og trykkede min hånd og græd endnu stærkere. Jeg mindes ikke, at Line nogensinde har fortalt mig noget som barn, sådan som hendes stakkels mislykkede mand. Hans minde bevaredes ikke blot i mit sind, men på hjemmets kålgårddige stod et af hans udskårne værker og skraldede i vintervejret, en træmand med indianske vildmandstræk og i hver hånd et frygteligt træsværd, der var skåret til som små møllevinger. Når vinden blæste med disse sværd, så opførte den vilde mand en hel krigsdans, idet han drejede sig rundt på tappen, viste sit grimme ansigt til alle verdens hjørner og huggede med sine sværd mod den stride blæst. Denne daglejer havde vi dog kun engang imellem, pige og karl til stadighed. Sådan en aftenstund sad pigen gerne solid plantet på langbordet og kartede til mors rok, og der skulle ikke bestilles så lidt, om den skulle holdes ved lige. Ude på gulvet sad tjenestekarlen og snoede sime, 20 favne skulle gerne snos en aften. De svøbtes efterhånden i et stort nøgle, 100 favne i hvert og hængtes ud i udhusene, indtil der skulle lægges nyt tag op. Mor var naturligvis på sin vante plads bag rokken som altings snurrende centrum. Børnene kravlede hver med sit på borde og bænke, en enkelt af de større remsede sanseløst af Balles Lærebog, som vedkommende skulle stå til ansvar for i skolen. Det var sød musik for bedstefars ører, og blev heller ikke påtalt fra anden side. Den eneste, der havde svært ved at give sig noget at bestille sådan en aften, var far. Han fordybede sig et øjeblik i sin avis, men han, der havde haft tusinde ting at forrette dagen igennem i frisk luft, blev hurtig søvnig og nikkede ved den alt for hede bilægger til børnenes ubeherskede moro. Hele dette mangeleddede sceneri fik i min første barndom lys fra en eneste stage, et fattigt tællelys eller måske endda til tider en prås. Men ingen klagede over lyset, da ingen var bedre vant. Først i firserne kom petroleumslampen til mit hjem, sådan som jeg har fortalt det i "Da Lampen Tændtes". Omkring klokken 9 eller højst 10 gik huset til køjs, når ikke der var fremmede og intet særligt arbejde for hånden. De små var naturligvis længe før blevet lagt i deres "bysselow". Mit første leje var jo vuggen, derefter forfremmedes jeg som 2- eller 3-årig til en genstand, der kaldtes kassen og var en kasse, en plump høvlet, umalet trækasse, der var slået op ved loftet i foden af mine forældres seng. Ubegribeligt at man kunne hitte på at anbringe et lille barn et så tåbeligt sted, og ligeså ubegribeligt, at jeg aldrig dejsede ned og brækkede halsen. Mor kunne overhovedet ikke komme til den "kasse", uden at hun på strømpefødder stod op i sengen; der skulle hun made mig og lette under mig, og derop til mig drev alle familiesengens og husets tusinde dunster, så jeg må have gode lunger fra skaberens hånd, at jeg har udholdt den perse! Hvad nattelejet angik, så var der i hjemmet med den stigende børneflok en bestemt turnus, som ikke blev fraveget. Når man var vokset så meget, at man ikke kunne rummes i vuggen, eller en mindre kom, der havde større ret til samme, toges man ved vingebenet og kantedes op i kassen. Men den var ikke synderlig længere end vuggen, så det varede ikke længe, så kunne man heller ikke der have benene inden døre. Så blev man losset de 3 alen ned i slagsengen, hvor der til tider lå 2 eller 3 i forvejen. Rester af denne slagseng eksisterer endnu. Jeg kommer aldrig i familiehjemmet op på loftet og står foran den grinagtige, ormstukne genstand, før jeg får mig en god latter ved tanken om det lystige liv, som vi mange unger har levet i den seng. Somme tider lå man på kryds, somme tider på tværs, hyppigt, når der var 3 eller 4 i sengen, med to hoveder og to par ben imod hinanden. Så snart det kunne gå an, det vil sige, så snart mor om morgenen havde forladt stuen, var man jo i vildt slagsmål om et stykke legetøj, om et fedtebrød, om ingen verdens ting. Og mors mere end tarvelige dynevår, der var medtagne i forvejen, fik en frygtelig refurium. Her var en fortrinlig arbejdsmark for riset, der var blevet løftet af saltlagen, og her blev da vist også de fleste af dem slidt op under endeløs hyl og spektakel af både angriberen og de angrebne. Det var sært, at mor aldrig blev tungsindig over det tarvelige resultat af hendes pædagogiske udfoldelse. For ligesom Ejnheriernes kampe i den nordiske mytologi måtte hendes angreb med det af saltlagen dryppende revselsesris gentages hver grålig vintergry om igen og atter om igen!

Når man havde ligget nogle år i den slagbænk, og også der var blevet for kraftig og langbenet, foretoges den sidste flytning med en, nemlig ind i karlekammersengen. Det var en stor forfremmelse, der smagte lidt af voksenhed. Man lå ved siden af en eller to føre karle. Al brug af ris var her for skams skyld udelukket; også unødvendigt, fordi karlene nok skulle sørge for at holde en i ave, så man ikke sparkede alt for vildt om sig. Det var stilfuldt og voksent, men Gud, hvor var det kedeligt! Langt hellere riset i sus over ens æst, om det så måtte være tre gange om dagen. Her standsede al ens udvikling, nu kunne der overhovedet ikke higes højere. Man havde nået sit klimaks inden for hjemmets vægge! Der kunne, som ens alder steg, være tale om en vis forskubning inden for treheden. Den mindste lå, som det sig bør, i midten som i en skruestik og skulle tage alle stødene uden at have hverken kræfter eller mod til at støde igen. Men den lille i midten kunne gøre sig håb om at blive den store ved væggen. Højere gik det ikke an at stile i dette snævre samfund! Pladsen ved stokken indtoges gennem alle årene af tjenestekarlen. Og det var ikke til at tænke på at berøve ham denne nedarvede værdighed, der sad fast som en slags arveadel.

En karl tjente dengang trofast og længe, røbede sjældent nutidens føjtelyster, var anderledes et led af hjemmets organisme dengang end nu om dage. Hans sorg var hjemmets sorger, hans glæder i ret udstrakt grad også hjemmets. Vi havde omend ikke mange så dog flere skiftende karle derhjemme, som jeg knyttede mig til med stor inderlighed. Der er især et par, som jeg tænker på med megen glæde. Der var i min allerførste barndom min egen morbror, Søren Jepsen, der siden fik gård og vognmandsforretning i Bilstrup ved Skive; men der var først og fremmest hedebarnet, Jens Thammesen, med den digteriske fantasi og hele hans raske og kernesunde fremtræden. Han kom med et sus af alle hedens fortællinger og sagn i sit følge, og var en af de første, der pirrede min drengefantasi til kogepunktet. Vi havde ham derhjemme i flere år, jeg elskede og beundrede Jens Thammesen og ville altid gerne være i hans nærhed, for det friske vejr der stod om ham. Mor yndede mindre hans meget verdslige fortællinger, der mange gange har rejst hårene på mit hoved. Som den raske gut, Jens Thammesen var, var han meget yndet af pigerne, og med rette eller urette blev han mistænkt for at spille kæreste med moster Sine, der dengang gik i hjemmet som ung pige. Det bragte ham på kant med bedstefar, der altid, når han kom svirende hjem, følte en ubehersket trang til at optræde som moralens ridder. Mangen en midnatstime, når den gamle under fule eder havde væltet sig over i alkoven, bandede han sig selv i søvn, men alle andre vågen ved de skammeligste udfald mod Jens Thammesen og hans formodede bejlen til husets datter. Den angrebne karl lå i naboalkoven med sit hoved mod den gamles ben, så han bogstavelig talt kunne høre ham med sin nøgne hæl stampe mod den tynde bræddevæg, der skilte dem. Jeg er ikke i tvivl om, at det var den gamle evigt larmende skændegæst, der fik min barndoms ven til at sige pladsen op og flytte af gårde. Det skal ikke være gået ham videre godt i verden. Hans glade sind og lidt for kraftige appetit på livet førte ham ud i svir og udskejelser. Han blev gift, men var altid fattig og forfalden, og endte nok sine dage i Randers i nedværdigende opløsning og armod.

Dette, at man i fortidsbondens hjem bestandig var henvist til bunkesystemet, at hobe to, tre eller flere sammen i en fælles seng, havde sine letbegribelige farer for hjemmets hygge og renlighed. Datidens såre sparsomme brug af sæbe gjorde renlighedstilstanden mere end problema-

tisk. Mor var en meget ordentlig kone, der mange gange
har grædt i fortvivlelse over sin magtesløshed, når en ny
tjenestekarl eller pige kom slæbende til huse med utøj
eller fnat, som i en håndevending bredte sig fra alkove til
alkove i disse stuer, der ikke kendte til udluftning, fordi
den så at sige var umulig. Således har jeg i min barndom i
det mindste to gange måttet dele fnattens smitte og afsky-
eligheder sammen med gårdens øvrige besætning. Fra den
første mand til den sidste var der ikke en, der gik fri, når
det først var trængt ind i hjemmet. Hvorledes overhovedet
blive det kvit og få huset renset her, hvor børneflokken
var så stor og gennem dobbeltsengssystemet stod i dette
intime forhold til hinanden? En hel vinter kunne gå hen
med kure, hvis ækelhed trodser enhver beskrivelse. Der
var hjem, der aldrig kom af med fnatten, men mors energi
og "gå-på-lyst" kom heller ikke her til kort. Nu bliver
fnatpatienterne jo straks sendt til et hospital og kureres i
løbet af få døgn, men så let fik man ikke tingene fra hån-
den i de gode gamle dage. Fnatkuren var altid en hjem-
mekur, grundet på et husråd, som man havde fået af en
eller anden klog mand eller kælling, der var i ry for trold-
dom. Grå sand og seppedellefrø, sådan lød opskriften.
Disse ingredienser blev tværet sammen med grøn sæbe på
en underkop, så kunne kuren begynde. Børnene tog mor
sig af. De blev klædt splitternøgne foran den hede bilægg-
gerovn, og med koppen på langskamlen smurte mor tykt
på alle vegne, i armhule, lysk osv., hvor de mistænkelige
regnbuefarvede småbylder stak deres ækle hoveder frem.
Inden vi fik skjorten på, et stort bredt strøg mellem skul-
derbladene, så først kunne vi tudende og tænderklaprende
begive os til køjs. Men hvor sov man afskyeligt uroligt og
med ækle drømme efter en sådan omgang! Og halvsyg og
hudløs, ude af form i alle måder, gik man og skrævede
med skjorten klæbende til kroppen; og så denne ækle
dunst af svovl, der drev omkring en, hvor man gik og

stod. Nej, livet var ikke mange sure sild værd for en lille dreng, så længe den kur stod på! Og når det endda så havde hjulpet noget, men Gud bedre det! Når mor troede, hun havde fået det hele renset, brød sygdommen tit op igen, hyppigt på grund af vrangvilje fra en af tjenestefolkenes side; thi de voksne karle kunne mor jo ikke kommandere af skjorten i sit påsyn og overvåge, at de fulgte hendes strikse forskrifter samvittighedsfuldt. Her måtte hun stole på deres omsorg for egen og husets orden, og det viste sig gang på gang, at det var et alt for spinkelt grundlag at forlide sig til. Disse evigt gentagne kure bidrog deres til at gøre mor gråhåret. Jeg skal ikke yderligere udpensle de lidelser, som mor og børn i fællesskab måtte gennemgå, når det kom for en dag, at nu havde man igen fået en tjenestekarl, der førte fnat eller, som det kaldtes, kløe med sig. Vi kom langt lettere over de angreb, som vi var udsat for af de "grå husarer". Som mor sagde: "Det vidste en da, hvad det var!" Det havde hun en mangeårig øvelse i at bringe til nogenlunde hurtigt ophør, og det tog ingen bonde højtideligt i de dage, da sæben var dyr og pengene små. Lusene tror jeg egentlig, vi knægte hentede i skolen mere end gennem hjemmeavl. Så en dag, efter at brødet havde været i ovnen, og ånen var så hed, som den turde være, blev alle dynerne rundt om fra de angrebne alkover hevet ind i ovnen, samtidig med at alle de små skjorter kom i sæbekarret. Det var en tilskikkelse, som en husmor måtte tage sammen med så meget andet, men ikke en ulykke, der kunne ruge over et hjem i måneder som fnatsygen. For at være fri for alle overraskelser måtte alle børnene møde hos mor i køkkenet enhver ledig søndag formiddag og lægge sit hoved i hendes skørt. Hun lod omhyggelig sine fingre løbe gennem ens hår, imens det mistænkelige bragte tættekammen i gang, og den gik dybt, og jævnede under tårer og tænders gnidsel hver en filtret genstridig lok. Det lille messingfyrfad med træhanken stod på frammersbordet ved siden af mors adrætte hånd, fuldt af rygende gløder. Her blev kammen omhyggelig strøget af for hvert dræt. De små knald fra ilden på fyrfadet viste, at den moderlige omhyggelighed ikke havde været udfoldet forgæves.

Den jyske bondekones følelsesliv er ikke sådan i en håndevending til at blive klog på. Hendes ømhed allermindst. Min mor dannede ingen undtagelse. For nutidsmennesker er det vel ikke til at begribe, at en kvinde, der brugte riset og de slående argumenter i en så vidtløftig udstrækning som meddelt på de foregående sider, kan huse den inderligste kærlighed til de mindste som de største af den viltre børneflok. Og børnenes kærlighed til moderen kan efter en hårdhændet afstraffelse vel også have sine tvivl at kæmpe med. Men både mens vi var mindre, og siden da vi kom bort fra hjemmet, gav hun os de uomstødeligste beviser for, at hun elskede os af hele sit hjertes enfoldige dyb. Blot en af purkene blev syg, hvilken bekymring og møje blev vi ikke vidne til! Hun kunne ofre den sidste rest af sin nattesøvn, om hun derigennem ved en hjælpende hånd kunne skaffe os skygge af lindring. Så længe vi var raske, kunne vi, som hun sagde, nok selv "tål' vor terre" og opnå de rettigheder, der kunne være plagsomme nok for en overbebyrdet husmoder. Så kunne hun hyppig i overanstrengelse stønne, mens hun i blinde langede ud efter os: "Åh, go da fræ jen si fædder, I lied' unger, I er da snår lige ved å partier jen, så urimele I er!" Hendes varmeste ømhed ofrede hun, som rimeligt var, på den mindste, den der lå ved hendes bryst. De andre kom ligesom lidt i skygge af vuggen, der næsten aldrig stod tom. Skønt jeg er mig bevidst, at jeg har haft den ømmeste og følsomste mor af verden, så må jeg indrømme, at fra mit 3. eller 4. år eller omkring ved den tid, da jeg måtte afstå førstepladsen ved hendes hjerte til en mindre, har hun næppe nogen sinde givet mig et kys, knap nok et kærtegn.

Der blev sparet på den vare i de gamle bondehjem! Der var noget barskt og kuldslået over livet, en hærdningsproces, som vist for lang tid siden er ophørt. Engang, da jeg var et stykke op i tyverne, og jeg var kommet hjem langvejs fra for at se til hende under hendes pinefulde sygdom, der inden ret længe skulle ende i døden, gjorde hun et genert og kejtet forsøg på at drage mig ind til sig for at kysse mig, men det hele opløste sig i en byge af gråd. Min stakkels mishandlede og ømme mor havde ikke opøvet den form for kærtegn, hverken i sig selv eller sine børn. Hun døde tavs, uden at nogen, selv hendes allernærmeste, fik bevidnet hende deres kærlighed.

Da jeg var blevet voksen og for længst kommet ud i verden, kendte hendes længsel efter den bortdragne ingen grænser. Men hun kunne jo ikke skrive. Så måtte hun indestænge sit følelsesvæld for først at give det afløb gennem en række rørende og naive sætninger, når hun efter måneders forløb atter så én igen på hjemmets tærskel. Men hun gjorde den nødvendige afskedsstund så pinlig som mulig for sig selv og vedkommende. Hun var jo den udprægede hjemmefødning. Forholdene havde villet, at hun sjælden skulle få sin fod over sognegrænsen. Hun har aldrig benyttet et tog, aldrig set et dampskib eller en færge og næppe nogen sinde været i andre købstæder end Skive. Hun så egentlig på omverdenen som noget fjernt og fjendtligt, der ville tage hendes afkom fra hende. Gud bevares, hun vidste vel, at det fattige hjem ikke kunne beholde dem allesammen, hun talte endda tit om, hvor skøn en ting det var at få de store knægte fra hånden, så de kunne komme ud og prøve andres skikke. "Så kan I mærke, I svende, om I kan få det bedre, end I har haft det hjemme!" Men lur hende, den kære mor, hun mente med sine talemåder ikke andet, end at de børn, der ikke var brug for derhjemme, skulle se at få sig en plads helst i nabolaget, nødig uden for sognet, - så hun kunne holde øje med, hvordan de havde det, og se dem til med nål og vask. Men København, hvor skæbnen jo havde ført mig hen, - for hende var jeg ligeså fjern som manden i månen. Hun kunne slet ikke fatte begrebet! Hver gang, jeg atter drog bort, var det under hendes hedeste tårer, som gik jeg hjælpeløs min visse undergang i møde. Hun fulgte mig østen ud af gården igennem den smalle smuge, kanske endda et par trin op over toften, skønt det ligger ikke til bonden at følge på vej. Og havde jeg endelig løsgjort mig fra hendes krystende hånd og så mig tilbage fra den sidste bakketop, så stod hun endnu ved den gamle gavl og stirrede efter en, som var det en given sag, at mig så hun da aldrig mere.

Mors erotiske følelsesliv blev ingen af os børn egentlig nogen sinde klar over. Hun indviede ingen af os deri, men min gamle moster Sine har fortalt visse træk, der kunne tyde på, at mor ikke fik den, hendes hjerte hang mest ved. Også i elskovssager er bonden og hans kvinde sparsommelige med livsytringer for andres øjne. Vi børn var dog ikke i tvivl om, at far holdt adskilligt mere af mor end hun af ham. Han kunne i overstrømmende glæde ved at betragte sin smukke og trofaste viv give hende et kejtet sleg over kinden, dog aldrig et kys, så vi børn så det. En sådan selvforglemmelse fra mors side har jeg aldrig iagttaget. Der var, mens mor var ung pige, en meget vidtløftig knægt fra Feldborg, som hun havde kastet sine øjne på, Niels Nielsen hed han, og en bror til ham, Laust, var gift med mors ældste søster Kirsten. De havde først gård i Feldborg, som han satte over styr, senere slog de sig ned i Salling, hvor han som ældre mand blev sparket til døde af en hest på Skive Marked. Han var en meget livlig, somme tider lidt for livlig, mand, denne Laust, som jeg ofte har set ved mine forældres bord, især om julen, når han med en kaffeknægt for næsen og en stumppibe fægtende i luften skrattede stuen fuld af lystige oplevelser fra hans endeløse markedsture. Den bror, som mor altså ville have haft, hvis ikke bedstefar havde lagt sig på tværs, da han ikke kunne lide ham, lignede ham nok meget i tilbøjelighed og sindelag og fik også til dels broderens skæbne, så man syntes ikke, mor af den grund skulle kunne beklage sig. Der var en anden mandsperson, som jeg ved mor satte meget pris på, og som der blev gjort meget væsen af, når han som ældre mand kom i mit hjem med års mellemrum. Jeg har skildret forholdet ret troværdigt i min fortælling "Regnvejr". Han hed Niels Thomsen og var skolelærer et sted i Østjylland, hvor han døde højt op i årene. Om der nogen sinde har været forelskelse mellem dem i de unge år, eller det bare var fælles ungdomsminder, der drog dem sammen, tør jeg ikke helt afgøre. Jeg kan kun bevidne den ualmindelige spænding, hvormed hans ankomst var ventet, og alle de udsøgte forberedelser, der gik forud, når det rygtedes, at "Niels Thammesen" var i byen. En af hans brødre, Christian Nørgaard, der ligesom broderen stammede fra Karstoft ovre på den anden side af åen, var gårdmand i Aakjær. At mor havde været adskilligt ombejlet, er der flere ting, der taler for, det siger da også moster Sine. Og de mange bedrøvelige kærlighedsviser, som hun fortrinsvis havde i sit minde og altid sang under strømmende tårer, synes da også at antyde, at det erotiske langt fra var hende et ligegyldigt eller lukket land.

At mor i udpræget grad var et følelses- og fantasimenneske, som jeg skylder hundrede gange mere i den henseende, end jeg skylder min far eller nogen anden i slægten, kan der næppe tvistes om. Jeg er vis på, at hvis hun havde kunnet leve så længe, ville hun med den dybeste lykke og forståelse have lyttet til mine sange. Derimod er jeg ingenlunde vis på, at jeg ville have haft nogen særlig opmærksom tilhører i min far. Han ville sikkert have syntes bedre om, hvad jeg har skrevet i prosa. Han levede dog længe nok til at lære mine første bøger at kende. Jeg har flere gange grebet ham i at sidde dybsindig hensunket i "Bondens Søn", af hvilken jeg havde givet ham et eksemplar. Derimod tror jeg at vide, at min digtsamling "Derude fra Kærene" gik ham over hovedet, skønt han naturligvis aldrig sagde mig et eneste ord, hverken for det ene eller det andet, hvad jeg heller ikke havde ventet.

Men med hensyn til min mor har jeg endnu et par små erindringer at tilføje. Mor var en stor elsker både af dyr og blomster, far så mere på nytten. Han var i almindelighed god ved dyrene, men hans til tider ubeherskede hidsighed kunne løbe af med ham, så han tugtede et kreatur stærkere, end mors ømme sind kunne tåle. Det var vel især hestene, fars vrede nu og da gik ud over. Han var en lille spinkel mand, men Gud fri os, hvor kunne han blive hverregal, som for øvrigt alle hans søskende. Ofte var det med god grund. Vi havde gennem det meste af min barndom to heste i stalden, med hvem jeg var ligeså fortrolig som med mine søskende. Større modsætninger end disse dyr var det vanskeligt at finde. Det ene var en livlig og lavstammet sort hoppe, "den bette swot", som hun altid kaldtes, med øjne så brune og livlige som en ung piges, altid villig i tøjet, hvad enten hun gik for ploven, eller vi børn red hende hjem fra marken. Hun led dog meget af mareridt, og folkeovertroen sagde, at når man ved midnatstide linnede stalddøren og kiggede ind, så sad der et ækelt kvindeligt gespenst på hoppens ryg og red hende i sved, ja, andre ville endda hævde, at Maren var et så gavtyveagtigt spøgelse, at det, når huset sov, tog haspen af stalddøren, trak dyret frem og lod det bære sig i de vildeste spring over øde spøgelsesveje. Hvordan det nu forholdt sig, mystisk er den sygdom, der kaldes mareridt, og det er vist nok, at vi mangen en morgenstund fandt den bitte sorte ligesom i et skum af sved, og hendes sorte manke var det altid håbløst at rede ud, skønt jeg med egen hånd gang på gang med strigle og kam, ja, næsten med fingrene og tænderne med, har forsøgt at jævne de mystiske marelokker på det dyr, jeg elskede som intet andet dyr i gården. Den anden hest var en stor, klodset, rødbrun hoppe, der havde omtrent alle de unoder, et bæst kan have. Hun var vindsluger og fyldte sig i en håndevending med luft, så hun var nær ved at revne, blev naturligvis uhyre syg af denne selvoppumpning og var hvert øjeblik lige ved at krepere. Det arge bæst af et dyr, der altid stod og gnistrede ondskab ud af øjnene, kastede hyppigt de dybeste slagskygger hen over hjemmet. Hoppen fødte op gennem årene en række gode føl, og det ville være et stort tab for hjemmet at miste hende. Men gennem sine stupide livsvaner gjorde bæstet det ene selvmordsforsøg efter det andet. Havde hoppen slugt sig fuld af vind, skrabede hun i spiltougen med forskoene eller forstod at gøre sig ubehagelig på andre måder, rumsterede i båsen, så hele det skrøbelige hus rystede, og alle måtte tro, at fanden var løs. Det hører til mine hyppigste erindringer fra barndomshjemmet, at den røde krikke havde vækket hele huset. Mor som den mest lysvågne jamrede højlydt inde i sin seng og bunkede far vågen. Han kom op og i sine træsko og stod i den kolde vinternat i bar skjorte i forstuedøren, længere gik han ikke foreløbig, og herfra brølede han som en løve til sin mær i stalden. Dyret kendte røsten og kunne være stille et øjeblik, til hun fik far narret i seng igen, så tog hun fat med friske kræfter. Nu måtte han op og i alt tøjet. Nogle kræmtende hark fortalte os, hvor rasende far inderst inde var, og mor fandt anledning til at sige, mens han fik de sidste klude på: "Å, Jens Peter, slå den nu endda ikke helt fordærvet!" Kort efter rejste der sig så en larm derhenne i stalden, som sloges far med selve Satan! Vi unger sad rundt om i sengene og skælvede, men syntes inderst inde, at den røde kunne have godt af det for alle de nap i vort trøjeærme og andre utyskestreger. Stod fars natlige huseren med plejlslavlen alt for længe på, måtte mor op og skille de to kombattanter. Næste nat kunne vi have nøjagtig den samme scene, måske med den variation, at nu var det sygdommen, vindslugeriet, der havde bragt den røde til at hamre med skoene, så at der stod gnister af både dem og stenene. Mangen nat kom far ind og sagde til mor, så også vi kunne høre det: "Ja, den her gang tror jeg nu ikke, hun kommer levende fra det, den malorris!" Så måtte mor op og karlen op, og gryden over ilden for at få varmt vand til klyster og fanden og hans pumpestok, og far og karlen gned raden, der lå med alle fire sko fra sig i båsen, med halmviske over bugen, der stod udspilet som et trommeskind. Og mor gik i sørgmodige tanker fra og til stalddøren: "Tror I, I kan få liv i den?" Den sidste gang blev den røde i det, men da var der gået så mange år, så jeg tror ikke, at sorgen var så overvældende stor, om end tabet kunne være føleligt nok. Vor nabo Troels fik dens ådsel at skyde ræve ved.

Med hestene havde mor jo kun noget at gøre i undtagelsestilfælde. Men køerne opvartede hun næsten til daglig. Som i de fleste bondebesætninger var der gerne en ko, der ikke ville lade sig malke uden af mor selv; hyppigt var det også den ko, der gav mest mælk, så den turde stille fordringer! Det blev dog tit spøgefuldt forsøgt at lade pigen trække mors trøje på og få tørklædet godt ned i panden, så koen ikke fik mistanke lige straks; men det endte som oftest med, at pigen trimlede rundt i grebningen mellem både spand og skammel for et velrettet spark af koens bagben. Så satte mor sig med et stort smil til at malke sin tro bos, som hun havde gjort alle dage. Mor glemte aldrig, når juleaften kom, og dyrene skulle have deres kvældsfoder, at lægge far på sinde den aften at give dem lidt rigeligere end ellers af den gode havrekærv, og far efterkom af et godt hjerte hendes ønske. Der var ikke et dyr, der ikke den aften fik et ekstra godt foder i sin julekrybbe. Mor kunne ikke vise sig uden for en dør, før hun havde alle høns og duer og katte i sine hæle, og vi havde altid en lille kuldskær køter af en hund derhjemme, - "Dine" eller "Perle" var de almindeligste hundenavne, - og den havde gerne sin plads i husets varmeste krog, under kakkelovnen. Den tykke mis foretrak derimod hyppigst mors tejekurv, men hun var uden barmhjertighed mod katten, når den havde gjort sig uren under bænken, hvad der kunne hænde midt om natten og afstedkomme en rasende alarm. Hvor tit har jeg ikke set hende komme ind fra fårestien med et lam i forklædet, som moderen ikke ville kendes ved. Det lille forfrosne og vanskøttede dyr blev viklet ind i klude og lagt ind under dynen i en af sengene, helst i nærheden af den varme grødgryde, der også stod i sengen og ventede på, at karlene skulle komme ind og få deres "nætter". Denne medfølelse over for hjemmets besætning og tamdyrene hidrørte naturligvis i nogen grad fra bevidstheden om den rolle, de spillede i hjemmets økonomi. Men selv om man tog denne nyttefornemmelse med i betragtning, blev der dog en god slump naturlig følsomhed tilbage, der røbede et kært og bevæget kvindesind. I modsætning til far havde mor ikke så lidt natursans. Hun kunne røbe en ren barnlig glæde ved synet af småfugle og blomster, også vilde blomster. Hun havde blandt disse sidste en favorit, kavelotten, som hun kaldte den med sit kælenavn, den smukke, rankede engblomme, der meget minder om en æggeblomme på en stilk. Jeg ved kun, at den voksede et eneste sted i hele omegnen, omme på vor egen Nørmark i Byum, som det kaldtes, det eneste sted på ejendommen, hvor der fandtes mergel, og hvorfra alle gårdens jorder under et endeløst slid blev merglet. Mor kom aldrig om i Nørmarken på den korte tid, da kavelotten blomstrede, uden at plukke en lille buket af sin yndlingsblomst. De fleste bønderhjem dengang kendte ikke til have, heller ikke vi havde andet end en tarvelig kålgård med de nødvendigste køkkenurter. Men mor havde dog stridt og herset så længe med far, at hun havde fået anlagt et lille cirkelrundt bed foran sovekammervinduerne. Her plantede hun sine to kæreste blomster, lavendlen og tusinddyder, og ned mellem de forkrøblede stikkelsbær- og ribsbuske fik hun lejlighed til at plante efter med balsam, ambra, pastinak og malurt. En enkelt dusk kejserkroner stod også til tider og strakte hals over persille og kål og anden husmoderlig fornødenhed. Hun plantede sine kål med usigelig omhu, som hun gjorde alt med omhu, så de gik næsten aldrig ud. Det var naturligvis vanskeligt med den tids løsdrift at holde den lille plet fredet for dyrenes indbrud. Slap et kreatur ind over det skrøbelige jorddige, kunne det let gå, som skildret i mit digt "Mors Have":

> Om tåbelig stud dog ind var kommen
> og mulemålte de brede kål -
> ej ulv kan jages af helligdommen
> med drøjere knubs eller mere skrål.

Inde mellem kålene stod et par gammeldags bikuber, der især måtte passes godt i sværmetiden, at de ikke skulle flyve af lande, og kuben lades tom efter dem. For at få de rasende, sværmende bier til at opgive slige udvandringstilbøjeligheder og blive i nærheden af den mødrene kube, måtte der slås med en kniv på en messingstage. Denne lyd beroligede efter mors mening de oprørte sind, så at de fik i sinde at sætte sig i et af de gamle piletræer eller et andet bekvemt sted. Det hører til mine lyseste sommerminder, denne skingre messingklang, der slog imod lave bondelænger, gik hen over hovederne af brede kål og fortonede sært og betagende under den mægtige, højspændte blå sommerhimmel.

Mors blomsterglæde kulminerede i en hel lille blomsterfest, der faldt sammen med pinsen, og hvis motiv jeg har brugt i et af akterne i "Når Bønder elsker", der, hvor pigerne synger på engen:

> Plukke, plukke dugget strå,
> plukke, plukke siv ved å,
> plukke, plukke blomster.

Jeg kan kun dunkelt mindes dette udslag af min mors blomsterglæde, så det må have været i de yngre år; senere tror jeg, at det gik af mode. En sådan skøn, storhimlet pinsemorgen, når hele det gamle hjem var lagt ud til fest, og alting lyste af renfejning og kridhvidt strøsand over gulve og stenbro, sendte mor sin pige med alle børnene i hælene ud over tofterne og forårsengene vesten for gården for at plukke blomster. Men hyppigt var hun selv centrum i flokken. Her kom al hendes pigekådhed og alle erindringer fra hyrdelivet op i hende. Hun hidsede os knægte til at springe over de bredeste grøfter, hvis blomsterne var skønnere ovre på den anden side. Omkring ved pinse er de fleste blomster jo fremme og har deres skæreste farver og fineste duft. Og mor gik frem som i et tempel, frigjort for al hverdagens tynge, kun med tanke for at jage efter skønne blomster. Der kan ikke tænkes noget yndigere syn, og intet kan gå et ømt hjerte mere nært end sådan en udstrakt, blomsterstrøet forårseng, hvor hver en grøftekant er som en lille afbildning af Edens Have. Hvor boltrede vi børn os i denne sanserigdom omkring mors fod, og hvor var hendes øjne milde og gode i en sådan stund. På disse blomstervandringer helt nede ved altings begyndelse, da man kun var en lille dumlende unge, der på krumme ben skridtede efter sin gode mor ud over spraglede forårsenge, inddrak jeg ubevidst den poesiens nektar, hvoraf jeg senere skulle forme mine sange. Det er sikkert disse paradisiske enge, disse endeløse flader af den mest uberørte natursarthed og farveynde, der sammen med de dybe vældkilder af inderlighed og følsomhed i min mors bryst har gjort mig til den digter, jeg er.

Når vi efter vor glade vandring blandt strømmende grøfter og plettede vibeæg kom hjem med kurvene fulde af naturens egen blomsterrigdom, blev huset pyntet fra øverst til nederst med disse blomster, ikke så meget at de blev sat i vase; jeg tror ikke, vi havde en eneste blomstervase i hjemmet, - men et spølkum eller et udtjent, skåret ølkrus kunne også bruges. Men det var ikke mor nok under pinsefesten at have blomsterne i krus på bordet, nej, op om skilderierne og husets eneste spejl for bordenden skulle de. Det var for os børn en ubegribelig glæde at se disse vilde blomster lyse frem over alt i den ellers så grå og fattige stue. Den røde trevlekrone, den lille blå engkarse, den knaldgule engkabbeleje! Mor forstod at finde dem frem og sætte dem sammen, så deres farver klædte hinanden. Det var jo kun en kort stund, at disse naturlige blomster kunne bevare deres friskhed og sarthed, men denne korte stund i pinsedagens formiddagssol lyser endnu i min sjæl og ligger over barnets erindring med en uforglemmelig duft. Min stakkels udslidte og evigt overbebyrdede mor, hun fandt så få hvilepauser under dagenes endeløse trælleri. Hun havde ellers, som vel de fleste mennesker, sarte organer for hvilestundens sødmefyldte skænk og gave. Jeg kan huske, at hun er kommet hjem fra høstmarken og har fortalt bevæget om den fryd, der var gået til hendes sind, når hun mellem to kornlæs hvilede en stund på et par duggede neg og havde lyttet til hjejlernes aftenlige fløjteklage eller en flok trækfugles kvidder og kiv mellem de bundne traver. - Mors liv var, som jeg her har fortalt derom, fra første gry til aftenens sidste klokketime en endeløs traven i de små lette "lædertræsko" fra husets ene ende til den anden. Om nogen med sandhed har kunnet anvende ordet: "Aldrig i hvile", så var det hende; end ikke under måltiderne kunne hun sætte sig til sæde som vi andre. Hyppigt stod hun op for så meget desto lettere at kunne stikke i løb, om noget fattedes. Nedlod hun sig på skammelen, var det altid for først at forsyne børnene, især at made den mindste, som hun havde på skødet, før hun selv fik en bid i munden. Men en gang om året, en eneste eftermiddagsstund, strøg mor alle seler og besværligheder af sig, tog en pæn hjemmevævet hvergarnskjole på, der endnu lugtede frisk af væven og kommodens hentørrede lavendler. I hendes sirlige, men aldrig iøjnefaldende pynt skred hun med mig ved skørtet med besindige skridt og med den altid uslippelige strikkestrømpe i de løftede hænder op over den grønne toft forbi de legende lam til naboens. Her blev der talt hyggeligt og gammelklogt om spind og vævning og kjoler til tøserne, som når mor selv havde kvindelige gæster, og jeg fik lov til som nødvendigt tilbehør at sidde i bænkkrogen med dinglende ben og gnaske sukkerkringler. Aldrig kan jeg glemme min forundring over den ro, der faldt på mor i en sådan stund. Mor sad ligefrem stille og drak kaffe, som var der intet i verden for hende at gøre mere. Hun for ikke op og stak i rend over gulvbrædderne for et godt ord. Hvor kunne det gå rigtig til? Med sin magre slidte hånd strakte hun ud efter sukkerskålen til en knaldtår, og når hun havde bidt af det stærke, brune sukker, lagde hun den ikke anvendte halvdel med en sparsommelig bevægelse over i skålen igen; det gjorde konerne også derhjemme, når vi havde fremmede. Og hun havde slet ikke travlt med den kaffetår. Med den halvtømte kop i den åbne venstre hånd lyttede hun opmærksom til nabokonens kloge råd om væv og trendgarn og gav gode, velovervejede svar igen, og der var ingen ting, der hastede på denne jord. Mor drak kaffe og knasede brunt sukker. Og tiden løb, og handuen kurrede, og livet var så dejligt.

Min far

Mens mor var poesien i dagens liv, repræsenterede far døgnets prosa. Når han gav sig tid til det, var han en udmærket fortæller med stænk af vid og sarkasme. Det kom frem, når han en aftenstund kom hjem fra et af Skive Markeder og måske havde fået et par studekalve godt solgt. Så kunne der ligge et lunt drag om munden af den lille, sirlige mand i de blå, nystampede vadmelsklæder. Ved sådan en lejlighed havde far gerne et par rødspætter eller anden fisk med hjem. De kom på panden og satte en liflig duft ind gennem frammersdøren, og når så den lækre, brune fisk blev båret frem, og den gode, klare dram stod og funklede under fars næse på langbordet, var det ingenlunde kedeligt at høre på hans markedshistorier og små oplevelser mellem de andre bøndermænd, hos købmanden eller på bytorvet. Han kunne hyppigt karakterisere en naragtig person med få streger, der vidnede om både lune og iagttagelsesevne. I den retning var han mor langt overlegen. Mor var lyrisk, men havde intet af den gode fortællers malende kunst. Hendes ordforråd var vel både rigere og ejendommeligere. Mors djærve og særmærkede jyske ord slap med lethed hendes læbe, men der kom intet billede frem deraf som hos far, og intet lune heller. Deres forskellighed røbede sig også i den måde, hvorpå de lo. Far kunne le af en morsomhed, så han var lige ved at trille under bænken; ja, det var til tider en ren uhjælpelig latter, der greb ham i struben med kværketag, så man ligefrem måtte få ondt af ham, før latteren havde arbejdet sig op til overfladen. Sådan lo mor aldrig. De vemodige har ingen latter, de hjælper sig med et smil, et blidt og stille smil som et aftenligt kornmodsglimt over høstens skyer. Sært at de to mennesker havde fundet hinanden, for de havde egentlig så lidt til fælles, når man lige netop undtager hverdagens travle slid. Men man må sige, at livet i almindelighed gik smukt og harmonisk for dem. Det kom sikkert deraf, at mor altid havde overtaget, hvor stærkt det end kunne koge, ja rase i far. Og han kom ofte i kog ved små ting. Men han lod altid mor beholde det sidste ord og flygtede med krum ryg og krogede arme for efter sådant et uvejr at begrave sig i sine stalde. Mor så efter stormen lige kry og angerløs ud. - Hvad stredes de da om? Ak, lutter latterlige bagateller, som i de fleste hjem, - en væltet spand eller kattetrug, lidt svineæde, der var kommet i den forkerte tønde; så naturligvis om pigen, der skulle gå dem begge til hånde, og som far muligvis ville have ud at sprede møg, når mor havde brug for hende til at ælte en søsterkage. Som sagt, mor blev altid den sejrende, far den vigende, fordi han var den i forholdet, der elskede mest. Der er ikke tvivl om, at han på sin egen firkantede manér elskede mor af det oprigtigste hjerte, mens hun som tidligere berørt tog halvvejs uvillig imod.

Både fars og mors slægt stammede fra Daubjerg, denne mærkelige, bakkede og knudrede by med den hvide kalk dybt i sit skød. Mellem mor og Daugbjerg var der dog et par slægtled, mens far en forårsdag var kommet kørende i fin, lakeret bryllupsvogn med glimtende seletøj ind i mit barndomshjem, direkte udtaget fra en af gårdene i Daubjerg By, "æ Graw'", der ligger dybt på den grønne dalbund og lige for sine vinduer har Fjends Herreds Mont Blanc, den vældige morænebakke Daubjerg Dås, som her for den dybe dal spærrede hele den sydlige horisont. Endnu længere ude, små hundrede år tilbage, stammede fars slægt fra Mønsted, der også er en meget romantisk by, hvor kløftede slugter med klare bækkevæld i bunden skærer sig ned mellem lyngklædte banker, hvor også kalken lyser og glimter i skrænterne. Alle mine stammefrænder, hvad enten jeg tager fars eller mors slægt, var således kalkkørende bønder. Kun et sted langt nede på fars linje, hvor slægtskabet afmærkes ved et dobbelt tip-tip, går der en veritabel degn med rød tophue, sølvknappede benklæder og et par bredkrampede træsko som eneste repræsentant for blækket og bogen - det var tilsyneladende ikke sunget for fars forstuedør, at han skulle få sig en brud fra Aakjær. Inden det kom dertil, havde han nok haft følehornene ude andre steder. Far skal have været ude for sin del af ulykkelig kærlighed. En lille sypige, en "skrædderlone", der drev om fra gård til gård, skal have fænget i fars ungkarlehjerte, ikke ganske efter de ret velstående forældres ønske, men far, der var stridig og vanskeligt lod sig vriste fra noget, som han havde sat sig i hovedet, her tilmed i hjertet, holdt fast ved sin skræddertøs. Men det viste sig snart, at hun ikke var hans tillid værd. En nat greb han hende på fersk gerning i anden mands favn. Far var lige ved at miste forstanden derover, og der gik år, hvor han ikke så til den side, hvor kvinder var. Da han næste gang var på elskovssti, var det ikke hans hjerte, men hans forstand, der bar lygten. Det var forældrene, der anviste og havde vejret fangst. En ældre enkekone sad i en gældfri gård langt ude på den vilde Alhede, det stormforrevne og sandomføgne Barslund. Far har engang fortalt mig om denne ensomme vandring ud i hin ørken, hvor han ledte efter manna. "Men her tøtt a iløwle der var for ølet å sæt sæ nied, og så møj nø ring' bund var det jo da også, så det blev da ett til nøj; og det skal Vorherr' såmænd have tak for." Enkekonens udseende og hvad indtryk den skønne havde gjort på ham, fik man aldrig noget at vide om. Men der blev ingen handel ud af det. Jens Peter kom tilbage til forældrene med uforrettet sag! - En dag var det kommet som et fjernt rygte til gravene, at Jepp' i Aakjær var blevet træt af gården og ville have den afhændet. Han havde en smuk og voksen datter, Katrine, hun skulle gerne gå med. En smed Brøndum, der var Jens Peters ungdomsven og vel har spillet en rolle under denne dobbelthandel, er her min hjemmelsmand. Jeg tror dog ikke ganske på ham. De to unge mennesker kunne nok smelte sammen uden at have smeden til at svejse for sig. Hvordan det nu forholder sig, så blev far og mor gift 1861. Brylluppet stod med stort skrald, som der gik sene sagn af, især de kække forridere på de stærke dragonheste, som dengang var et nødvendigt udstyr til ethvert større bryllup. Daubjergboerne, der var med til festen i flokketal, var et folkefærd, der forstod at more sig, så det har sikkert ikke været noget kedeligt bryllup. Fremtiden tegnede sig for de to unge nygifte under en art rosensky! Mor havde fået hjemmet på tilsyneladende rimelige vilkår. Det var jo skikken dengang, at den af børnene, der fik gården, fik omtrent det hele. De andre måtte tage imod en ringe almisse efter husfaderens forgodtbefindende. Og far for sin del var anset for det rigeste gifte langt og nær. Han kom til gården i Aakjær med 700 rigsdaler kontant, en ny arbejdsvogn, en nybæren ko og en sengs klæder. Det var ikke småting i de tider. Derfor var der sikkert for bedstefars ører - bedstefar selv havde kun fået 200 rigsdaler med sin Daubjergbrud - en egen sød tone i klarinettens klang, da den lille, spinkle brudgom hin forårsmorgen holdt foran forstuedøren med sit højrøstede og glade brudefølge bag sig. - Om de første år efter brylluppet tier sagaen; men snart begyndte dog ret mørke skyer at trække op over mine forældres horisont. Far havde næppe regnet med, at bedstefar var så ubehagelig og egenrådig en aftægtsmand at leve under tag med. Og hans urimelige væsen og sanseløse drikfældighed tog til nu, da han ikke længere havde noget ansvar for gårdens drift, men i en forholdsvis ung alder havde valgt en dagdrivers liv. Så kom 1864. Fjenden stod for døren. Alt tjenestegørende mandskab blev trukket bort fra hjemmene og sendt ud i skanserne. Selv de nygifte kunne ikke skånes. En dag kom lægdsmanden med den blå seddel, fars pas. Kort forinden havde han været der for at hente en anden af mors ungdomsvenner, den muntre snedker, Frants Damgaard, for øvrigt ham, der havde lavet "kassen", hvori jeg sov som spæd, og en af de forvovne forridere ved mors bryllup, hvis hest havde sprunget både over grøfter og kålgårddiger for at kunne komme tidsnok til at gøre sine reverenser foran brudevognen, før den under klarinetlyd og hornenes tuden forsvandt bag hjemmets gabende gårdled. Men nu var det ikke længere bryllupsklarinetten, men krigsluren, der gjaldede. Far måtte bort med de andre. Mor sad hulkende tilbage med et barn ved brystet og et andet i vente. I denne prøvelsens stund syntes det at være gået op for mor, hvad hendes husbond var værd. Hun havde formodentlig, stærkt tvunget af sin barske far, taget Jens Peter, uden at der var noget videre af kærlighed med i spillet. Men nu, da han reves fra hendes side, for at drives ind under fjendens opplantede bajonetter, nu syntes hun ikke, livet var til at udholde uden ham. At vågne de tunge nætter og ikke finde ham ved sin side, nej, koste hvad det ville, hun måtte have ham tilbage til sig og sine små, om der var et glimt af mulighed derfor. Og mulighed var der! Man kunne dengang stille for sig, hvis man havde råd til det. Havde de to det? En gammel sognefoged i slægten, Claus i Daubjerg, gift med fars søster Johanne, i hvis lod det var faldet at ordne så mange delikate affærer, blev sendt til Nyborg på mors vegne, og han kom virkelig hjem med et resultat. En ung vovehals, der formodentlig elskede krigshåndværket, lod sig for gode ord og et ganske klækkeligt salær hyre i fars sted som kanonføde. Og han gjorde i alle måder et godt kup; pengene stak han i lommen, og 6 uger efter erklæredes freden, uden at hverken han eller far nogen sinde havde lugtet krudt. Vort fædreland havde tabt sit slag. Far fik også sit 64, som hverken han eller hjemmet nogen sinde forvandt. Den gode arv, alle de hundreder af rigsdaler, den glimtende vogn og den nybæren ko, alt ofredes det på krigens alter. Det lille hjem kunne aldrig mere komme sig af det slag. Den mest nærgående armod blev ved at herske i mit hjem, så længe jeg kan mindes. Og far var ikke den mand, der skulle besejre slige vanskeligheder eller tage livets tilskikkelser let. Han var den ærligste slider, jeg har kendt, og der var ikke falskhed eller nogen art træskhed i hans mund, men hans dag randt så underligt planløst hen. Og en mager og vanskelig ejendom var det at drive på alle måder. Gården selv lå på en toft dybt nede ved den våde eng, mens gårdens egentlige jorder lå henslængt som ejendommen ganske uvedkommende: en strækning i syd og en i nord. Køerne skulle trækkes op ad bakker og ned ad bakker, før de kunne komme til en mundfuld græs, gødningen slæbtes ad uendelige sandveje, der bragte ethvert trækdyr til fortvivlelse, mod fjerne pløjemarker, helt ude ved fremmede byers skel i syd som i nord. I enhver henseende, hvad driften angik, den ubehageligste ejendom i hele byen. Far lagde sig forover og sled med sine stønnende øg. Somme tider bogstavelig, når det gik stejlt op ad bakke. Mere end én gang har jeg set ham kaste sig imod skaglen og trække sammen med de fortvivlede dyr. Men hvor blev frugten af hans utrolige slæberi? Thi det var et brække- og bødlearbejde at opbryde hedejord.

Far var betydelig bedre udrustet fra skolen end mor. Han havde i Daubjerg haft en dygtig lærer i en thybo, Jens Pedersen, hvis navn man af og til kan træffe i Landhusholdningsselskabets skrifter fra 1830-40. Far har ofte med glæde dvælet ved sin skoletid, hvad mor aldrig gjorde, og han var fuld af beundring for lærer Pedersen. Så vidt det kan skønnes, var denne lærer rationalistisk stemt, og far bevarede hele sit liv med undtagelse måske af en ganske kort periode, da mit hjem var kommet ind under Indremissionens sorte vinger, en udpræget skepsis mod alt religiøst hysteri. Det passede så godt til hans natur at bekende sig til en ædel humanisme, der tog forsigtig afstand fra hårdhjertede og barbariske domme over folk, der ikke ganske svor til de strengeste dogmer. Far troede således ikke på noget evigt helvede, og han havde egentlig også mest lyst til at bede djævelen ryge og rejse. Men det passede så lidt til fars forsigtige natur at gå imod herskende meninger, især hvor de hævdedes med sådan en suffisance (selvsikkerhed) som i munden af Indremissionens omvankende hedemissionærer. Han stod nemlig helt ene i sin kreds med disse meninger, og det var vel alt for anmassende af ham, en fattig mand med så lidt hartkorn, at tillade sig særmeninger, der gik op imod præsts og degns. Men det kunne funkle så varmt i hans små rynkede øjne, når jeg som ung agitator med flydende svada lod mine dristige tankefugle flagre under hjemmets lave loft. Mor protesterede altid i en halvgrædende forfærdelse over mine ungdommelige udtalelser om katekismens lærdomme. Far sagde ikke meget om disse delikate sager, så længe mor var i stuen, men på tomandshånd kunne han i en genert rømmen og under en række omskrivninger lade sig forstå med, at også han længe havde haft tanke i samme retning. Men det var tider, hvor det langtfra var spøg i bondekredse at blive betegnet som fritænker. Man blev nærmest behandlet som et skabet får, ja, bogstavelig udstødt af ordentlige menneskers samfund. Den mand, om hvem det blev sagt, "tho han er jo fritænker", var mærket i alle menneskers øjne som det argeste udskud af menneskeheden. En sådan vægt fra en uskånsom og selvgod folkedom kunne far ikke udsætte sig for at bære frem på sine spinkle og arbejdsknugede skuldre. Det var nok, at han havde en søn, der åbenlyst af folkedommen blev henvist til det hedeste helvede. Og far vedblev derfor i hovedsagen at vise vanekristendommen lydighed; jeg tænker også en god del for husfredens skyld, thi mor kendte ikke til fars religiøse anfægtelser, og var i den retning ikke indstillet på at respektere nogen anden overbevisning end den, som hun havde modtaget gennem skolens indterpning og den senere kirkegang. Så fulgtes de pænt ad side om side ad den grå sandvej ned til Fly Kirke søndag efter søndag og gik til Guds bord sammen med alle andre slidere to gange om året. De klædte hinanden, når de betænksomt og langsomt og arbejdskrogede skred hen over de små bakker mod den kaldende kirkeklokke. Og de småsnakkede imens på deres godlidende måde, aldrig om noget religiøst, men om bedriftens hundrede hverdagssmåting, som de ellers havde så lidt tid til at snakke om, når de atter fik arbejdsselen på. Mor gik med sine små magre hænder foldede omkring salmebogen, og hvis det var en søndag, hvor de havde ladet sig indtegne til altergang, drog de så at sige fastende af gårde. Og mor havde da, forinden hun tog kirkestien, været inde i kålgården og plukket et stort dugget blad af balsambusken. Det lå nu under hendes tommelfingre på guldkorset af den sorte salmebog. Hun havde også et gammelt bulet hovedvandsæg i lommen, der aldrig forlod de gamle koner på altersdagen. Det lugtede mor flittigt til under kirkesangen, mens tårerne rullede ned i den gamle, åbnede, storstilede salmebog. Forinden de to kom af gårde, kunne det mange gange knibe hårdt nok for mors djærve og impulsive sind at indordne sig under den kristelige ydmygheds krav. Der var sådan en søndag formiddag hundrede ting at forrette, forinden de kunne komme til pampren. Gris og høns og kalv skulle fodres, og børnene skulle mades og ikke mindst formanes, tjenestepigen sættes ind i husordenen med fremstillingen af middagsmaden og en masse andre ting. Og i sidste øjeblik, især hvis det var første prædiken, de gik til, skulle der nok opdukke en eller anden uforudset vanskelighed, der bragte forsinkelse og forrykkede alle ens planer. Og mor jamrede og flæbede og delte afvekslende sukker og øretæver ud i børneflokken, mens kisteklæderne blev båret frem, og far sad foran et spejl ved ølpotten og jævnede hverdagens stride skægstubbe med barberkniven. Men af sted kom de da, altid gående og vist altid et stykke bagefter andre kirkegængere. Og når hjemmets jord omsider var gledet bort under deres sko, og de mange krappe småbølger gennem sindet var ophørt at skvulpe og den sidste fortvivlelsens tåre tørret på mors kind i den varme forårssol, så følte den lille kvinde så vel som far ved hendes side sig som muntre børn i frikvarteret. De vendte sig om på den sidste bakke og så den lille, hvide gård ligge og sende sin søndagsrøg op af den skæve skorsten mod de lave blomsterenge. Her kunne dens tusinde krav ikke mere hindre deres fjed, og derhenne højt rejst over lave, mossede bondetage lyste den fædrene kirke og kneblede og ringede, mens de mørke flokke af mænd og kvinder gled henimod den ad hvide veje og grønne stier.

Som far, i hvad der angik religionen, i al stilhed tillod sig meninger, der afveg fra de nedarvede, var han også, hvad politik angik, flere hestehoveder foran sin stand. Ligesom der om religionen på min hjemegn blot kunne være tale om én mening, nemlig højkirkens, sådan kunne man anstændigvis i bondekredse ikke hylde mere end én politisk overbevisning, nemlig den, der var Højres og den mest unuancerede reaktions. Men far var demokrat, hvor han så havde hittet det fra. Jeg tænker, det var steget ganske naturligt op af hans eget brave og godlidende sind. Det var udelukket, at han havde læst sig til det, for gennem hele min første barndom lige til min skolegang begyndte, holdtes der i hjemmet en eneste avis. Far var fjerdemand i et abonnement på det stokkonservative "Viborg Stiftstidende". Det lå altid på bordet efter nadvergrøden og fik sin part af de fede udkogte hangryn, der spildtes på bordet, under deres lange, bugtede vej fra fadet til munden. Efter "Viborg Stiftstidende" forsøgte vi små at tyde de da herskende gotiske bogstaver, og for vor nøjsomme fantasi kunne der også hentes omend en mager føde gennem en kliché af et slagtesvin eller en ligkiste. Far kunne ellers godt have sin avis i fred. Mor skulle i hvert fald ikke rive ham den af hænderne. Var der endelig noget af fælles interesse, et dødsfald eller endnu hellere et ulykkestilfælde, så læste far højt og lod mor nyde, som hun nemmede. Var det i ens nærhed, kunne det nok fange mors opmærksomhed; hvad, der skete uden for hendes sogneskel, anså hun for sig komplet uvedkommende. Sådan ikke med far, han havde virkelig en art social føling, men det må siges, at den fik grumme ringe næring gennem datidens grå og evneløse journalistik. I midten af halvfjerdserne var der blevet stiftet et venstreblad i Viborg, det såkaldte "Viborg Morgenblad" (1876-77), redaktøren hed Th. Stenersen. Denne Viborg-avis var far holder af lige fra begyndelsen, om end jeg må tro, at han havde grumme ringe råd til det, da han blandt sine reaktionære kaldsfrænder var blevet nødt til at holde det alene. Redaktør Stenersen må have været en journalist af den moderne skole; hans pen røbede et kækt og uforfærdet sving, og far nød sin avis med synlig glæde og kunne ligefrem sidde og klukle sådan en aftenstund, når han havde fået den bredt ud foran sig under det sprudlende tællelys. Men jeg lo ikke, for mig var det, der daglig skulle bære avisen hjem fra brevsamlingsstedet i Fly Skole, og da det blandt de øvrige drenge rygtedes, at min far holdt så afskyeligt et blad, et venstreblad! blev jeg usselige purk næsten daglig trakteret med de værste klin, der jo egentlig ligeså meget var rettet mod min brave far. Det var min første skole i oppositionslyst, men de kraftige og velmente argumenter må jo endda ikke have været tilstrækkelig "slående", da jeg i al fremtid vedblev at stå som oppositionsmand i politik som i alt andet. Det udfordrende Viborgblad gik dog ind på grund af manglende tilslutning efter 1 års forløb, og de stridslystne skolekammerater måtte søge efter andre årsager til at tugte mig. Men jeg kan ikke være i tvivl om, at min fars om end stilfærdige, så dog umiskendelige demokratiske, hjertelag har været med til at farve også mit sind og knytte den sociale stemthed sammen med mit væsens rod og de kilder, hvoraf så meget i min digtning udspringer.

Bonden i min barndom havde langtfra viklet sig ud af århundreders mørke og forkuelsens snærende svøb. Vel havde han på papiret politisk stemmeret, så han tilsyneladende kunne gå til hvad side, han lystede. I sin åndsugidelighed og sit fæiske sløvsind gik han stadig kun den vej, som andre bydende, ham fjendtlige magter, ville have ham. Det mindre hartkorn imponeredes stadig af det større og stemte det som oftest ind i både lands- og folketing. Far stemte hyppigst på Klein, da frisindet i hans valgkreds aldrig kunne kigge højere. En bonde blev næsten alle vegne behandlet med foragt, på kontorerne som en selvfølge. Selv hos hans egen købmand var behandlingen altid oven fra og ned. Det var næsten umuligt for os bønderdrenge at komme til købstaden, uden at læredrengene eller andre vrælede efter os og slængte omkring sig med "bondebæst" og "møghakke". Jeg har engang været med min far inde i købstaden på et kontor, hvor en eller anden ringe sag skulle ordnes. Så lille jeg var, kan jeg endnu mindes min harme over, hvorledes et par kontorlømler behagede sig i at hundse min stille og beskedne far, der stod så nåle og selvudslettende og lod den ubehøvlede skylle af flabethed og kontorvigtighed gå hen over sit hoved. Far hadede at komme på et offentligt kontor. Han udsatte det altid så længe som muligt. Han vidste, det var et sted, hvor man blev behandlet som en skolepog, og han havde ikke den frejdighed og medfødte slagfærdighed, der kan give råt for usødet. Jeg har også for en 30-40 år siden, mens jeg sad i en 3. klasses ventesal, set en ældre bonde komme ud af kontordøren med blodet flydende i en tyk strøm ned over sit underansigt og med den rasende forstander med spark og næveslag i sine hæle. Det var ret hyppig den brutale kontorismes forhold til min barndoms bønder, hvor det kunne gå an, og ikke bonden var dem for overlegen i fysiske kræfter, så han tog igen. Men bonden var ikke selv uden skyld, om han ofte behandledes med hån. Han kunne endnu hyppigt vise et foragteligt slave-sind og en servilitet, der ikke var bedre værd. Jeg husker således fra min sessionsdag i Skive 1890, hvorledes to sognefogder, begge gårdmænd og begge velsituerede bønder, stillede sig op med blottet hoved på hver sin side af rådhustrappen, hvor de høje militære koryfæer i de glimtende uniformer bevægede sig op og ned som svæ-vende ærkeengle. Her blev disse gamle dromedarer, der var isengrå både i hår og skæg, ved med at stå ret med hue i hånd og med et skelende og devot hundeblik til de skrammererede højheder, jeg tænker nogle oberster eller kaptajner, i håb om, at der skulle falde et nådigt øjekast af til deres elendige personer, der var kommet til staden i deres allerlovligste ærinde som bondegutternes hjælpere og vel også deres fortalere, om det kneb. Nogle søde for-talere, hvem drivregnen dryppede ned i de skaldede isser, mens den ophøjede almagt repræsenteret af den velpudse-de militarisme ikke værdigede dem et nik. Jeg følte en ubetvingelig lyst til at gå hen og spytte dem mellem øjne-ne. Disse mænd hørte begge til den gamle skole, der var opdraget under den maksime, at høflighed koster ingen penge. De havde blot ikke kunnet skelne mellem høflig-hed og foragteligt trællesind. Der gik dog en anden strømning igennem vore bønder i oppositionen mod pro-visorierne i halvfjerdserne og firserne. I den kamp mod junkerhovmod og politisk undertrykkelse blev bønderne svejset sammen til standsfornemmelse og sammenhold. De fik værdighed og rankhed sammen med bevidsthed om deres stands ære. Herlige menneskelige egenskaber, som de lever på den dag i dag. Det er disse provisoriekampes store fortjeneste, at de brød den sidste rest af bondens trældoms åg og løftede hans stand op i højde med de andre stænder. Og denne bevægelse gjorde min far med, ikke hujende, ikke støjende med overdådige hurraråb, men med en egen stille glæde, som han i gode stunder også lod lyse over børn og øvrige husstand. Far havde det ærligste og redeligste sind, som jeg har truffet hos nogen mand. Det var det pinligste, der kunne hænde ham, om han på et givet tidspunkt ikke skulle være i stand til at betale en gæld, han havde gjort, og som nu blev ham afkrævet. Han kunne dårligt nok tåle at modtage regninger, krævebreve som de betegnende nok kaldtes dengang. Thi der er jo altid om end et stumt krav skjult i en regning. Jeg har set far helt flintrende gal over sådan en købmandsregning, som han måtte godkende punkt for punkt, men han optog den som en mistanke om hans redelighed. "Den æsel sender mig et kræv' brev! Tror han måske ikke, at jeg vil betale ham hans penge." Han var allerede henne i stalden for at udse den stud, der skulle sælges på stående fod, for at han kunne give købmanden sit tilgodehavende lige i planeten. Der er jo moralsk set noget rigtigt i dette syn på regninger, men nutidens bønder er ikke så kildne ved et krævebrev. Købmanden kan praje kunden både to og tre gange, før han nu får sit tilgodehavende, om han så får det, før både sagfører og herredsfuldmægtig kaster skygge over tærskelen. Det er betegnende for min fars i så henseende uplettede og renlige sind, at det sidste, han hviskede til svigersønnen, få øjeblikke før han døde, var de ord: "A hår lowed dem ti kroner til den nøj kjerk i Trånum, dem må I endelig et glemm å betål." Hans sindsligevægt og godmodige lune fulgte ham lige til gravens tærskel. Et par timer før han døde, kom en nabokone for at sige ham farvel. Da han slog sine øjne op og så hende, sagde han med et lunt smil: "Det er snavs med personen!"

Så lukkede han atter de milde grå øjne; han åbnede dem
aldrig mere.

Min Slægt

Gennem min far, Jens Peter Jensen, stammer jeg fra
Daubjerg, men engang omkring 1770 indflyttede fars
slægt fra Mønsted. Jeg er med andre ord vokset på kalk-
bund. De to anneksbyer, Daubjerg og Mønsted, ligger nu
ved den store landevej fra Viborg til Holstebro; i gamle
dage gik denne landevej langt sønden om, gennem Finne-
rup, Vedhoved, Seibæk til Hagebro, og berørte aldeles
ikke disse byer. Lad os tage Mønsted først. Fra dens hvide
kirke og øst på ligger der nogle sære forvildede dale, der
gennembryder landskabet og sender underlige forgrenin-
ger, både mod sydøst og nord, et sært eventyrligt land-
skab, der i lang udstrækning er oprodet af tusindårige
kalkbrydere. Jorden er her så underhulet af de gamle ko-
ve, at det er hændt et par gange, at både heste og menne-
sker er sunket lige ned i jordens skød for aldrig at komme
til syne mere.

Her på disse knudrede bakker eller op ad deres skrånin-
ger må man søge mine ældste forfædre. Jeg kan føre dem
tilbage til Chr. d. 4des tid eller længere.

De var gennemgående gårdmænd, der gjorde hoveri
under Hald, men mest levede af kalkbrud og af kalkkør-
sel. En af de ældste hed Peter Jensen, han boede i Møn-
stedgaard, der for længst er nedlagt. Af lensregnskaberne
kan jeg se, at han har leveret kalk både til Skivehus og til
Silkeborg Slot.

Et par dråber af det mørke tyreblod, der løb i Hans Ros-
borg til Rosborggaard, er rundet ind i min slægts årer
omkring år 1700. Omkring samme tidspunkt finder jeg
som tidligere berørt også en degn i familien; han hed Pe-
ter Jakobsen og var gift med en slægtning af Hans Ros-
borg. Det er det eneste stænk af lærdom, der er optrådt i
min familie. Ellers var alt grå bønder i ufarvede vadmels-

kofter og med store plumpe skovbotræsko på fødderne og
med en rød tophue på hovedet.

Så lærd var degnen for Mønsted, Daubjerg og Smollerup
menigheder dog ikke, at han havde nogen bemængelse
med latinen; han var ikke studiosus, men kun en begavet
bondesøn, der har haft sangstemme, så han kunne være
præsten behjælpelig med skrålet i de 3 kirker.

Ikke en eneste begivenhed af nogen art har traditionen
bevaret om mine fædre der i Mønsted, de har trasket op
og ned ad de stejle stiger til kalken, har siddet på kalklæs-
set i månenætterne med kalkstøvet sviende i øjnene, og
nikket sig selv i søvn, mens deres magre krikker har slæbt
dem over hederne mod nord og syd i et endeløst trælleri
for føden; og de vringlede spor, som nu ses under lyng-
toppene ind over Alheden og videre mod Silkeborg og
Karup, er mærker fra deres ubeslagne vognhjul. De har
ikke sat andre spor i historien. Deres navne står i kirkebø-
gerne, ved giftermål, barsel og begravelse, men noget
sammenstød med skæbnen eller justitsprotokollen har de
sjældent eller aldrig afstedkommet.

Omkring 1760 rækker - som tidligere fortalt - en gren af
slægten til Daubjerg og får sin rod i jorden der. Her leve-
des livet nøjagtigt som i Mønsted med kalkbrud og kalk-
kørsel og trælbundet hoveri under Hald Slot, der dengang
ejedes af den berygtede bondeplager Frederik Schinkel.

Heller ikke her har slægten kunnet give sig noget udslag
i nogen som helst dåd eller handling; et jævnt stykke gråt
vadmel, sådan tegnede sig det hele, med små firkantede
huller dybt ned til kalken, med Daubjergs forunderlig
gamle forkrøblede krat, som en kroget arm mod nord, og
Daubjerg Dås' lyngbegroede kæmpesilhuet ved synsran-
den mod syd.

Jens Petersen afløser Peter Jensen i sindigt følge gennem
decennier, de bryder kalk og lader den brændes med spil-
lende flammer i sommernætterne. Det er romantikken i

min slægt, denne kalk, der hentes op fra jordens mørke, bæres på runde og krogede kvinderygge, stejlt op af jorden, under sved og stønnen smides den i dyngen ved skaktens munding, så brændes den i mærkelige ovne, hvorved hele landsbyen våger i sommernætterne under sang og dans og megen håndfast kæresteri, mens ovnens flammer spiller milevidt på den blege sommerhimmel.

Men endnu er kalkens romantik ikke til ende, - når den er brændt færdig, køres den viden om til fremmede herreder og sogne, hvor den siden lyser i landskabet, sådan som det ses fra høje og banker, i de hundrede gårdes og huses lave hvidtede vægge.

Sådan har Mønsted og Daubjerg kalk lyst gennem århundreder, både i de høje massive kirketårne og i de lave, buede lervægge, dækkede af stråtaget i de hundrede og atter hundrede bønderhjem. Det er min slægt, som har brudt den kalk, bragt den op til overfladen, og kørt den videre ud over landet, så langt de arme krikker kunne orke. Jeg får være fornøjet med den romantik og poesi, der kan ligge heri, der er ikke anden. Jeg vil søge forgæves efter store begivenheder, efter mænd og kvinder, der rager op over lavmålet. Men de mange sagn fra Daubjerg Dås kan have kastet deres trolddomsskær ind i billedet, og jeg var så heldig, som barn, at se noget af al den kalkromantik med egne øjne. Når jeg om søndagene kunne besøge mine fætre dér i Daubjerg, kom man altid hjem med sindet fyldt af de stærkeste oplevelser, - alene det at bestige Daubjerg Dås! Den var jo for os purke det højeste bjerg i verden. Med gysen havde vi hørt fortælle hele den sagnkreds, der omgav denne for os knægte så ubegribelig høje banke, der stod ved hyrdedrengens horisont iført en kappe af blå dis, hvilket alene var nok til at bringe fantasien til at yngle. Stod man så endelig oppe på dens mægtige puld, havde man næsten den halve verden liggende udspændt omkring sig, den store Alhede, som man næppe kunne se til enden af. Dengang var der knap en menneskebolig at øjne på hele den ensomme flade, og i syd og øst dukkede lave gårde sig langs randen af Store Mose, Sjøgaard imod syd og Nygaard, det romantiske Nygaard med rødstrøgne vægge, langt imod sydøst. Der boede en af mine onkler, der kom jeg engang om året, når tyttebærrene var modne og lyste i solen over hele kvadratmil, - ingen plukkede dem uden hyrden, der drev ensomt med sine får. Her boede Jens Nygaard, manden med det mildeste smil, jeg har set, fuld af godhed var han, venlig imod os børn, altid så glad ved besøg i sin ensomhed. Han var en af de kæreste gæster i min fars hjem, en nydelig gammel mand i de sirligste vadmelsklæder, fuld af skæmt og lune; bøjet af evig slidsomhed; det var endeløst, hvad den mand havde gennemlevet, før han fra den dybeste armod endte som sognets mest velhavende mand, der kunne give hver af sine mange børn 12.000 kr. i arv.

Hans liv var en roman. Han var elsket af os børn, fordi han var så pæn og lo så godt, og når han gik tilbage, havde han altid lagt en blank daler på den knastrede bordskive til deling mellem børneflokken.

Men der var ikke blot Daubjerg Dås at glæde sig over, når man kom til Daubjerg, nej, det var slet ikke muligt at få selv en lang sommerdag til at strække til, for alle de vidundere, der skulle ses, før sol gik ned.

Først og fremmest var der jo kalkgravene, de stod med åbne mystiske gab i bakkerne, både i syd og nord.

Jeg vil villigt indrømme, at af alt, hvad jeg har set i verden, har intet betaget min fantasi som disse grave ind i jordens forunderlige indre. Et stykke tællelys fik vi med os hjemmefra, - så kunne eventyret begynde. En stige med ca. 100 trin gik lodret ned i bakken. Når man så var kommet til bunds, tændte man sit lys, og nu befandt man sig i et sceneri, som var ti, nej tyve domkirker føjet sammen, og havde været ude for et jordskælv, der havde fået en hvælving til at styrte ned, her og der.

Vi krøb frem ved vort lys, snart på knæ, snart opret, ind gennem disse dystre og gråhvide gange, hvor kalk og flint stod i brud til alle sider, mens vor skygge krøb spøgelsesagtigt foran os. Vand dryppede, vand rislede, væggene svedte den kolde sved. Vore fætre, der jo skulle imponere, bevægede sig hjemmevante foran med tællelyset, - jeg kom krybende med bankende hjerte bagefter. Dette her gik, for mig at tykke, alt for fort, jeg kunne ikke sluge alle de indtryk, som vældede ind imod mig. Somme tider fik jeg en bule i panden, når lygtemanden i kådhed havde fjernet sig alt for langt fra mig. Somme tider kom en våd flagermus svirrende forbi og smækkede min kind med sin klamme vinge; så tog jeg på, så fætrene grinede. Men somme tider kunne de også drive løjerne for vidt, ligefrem puste lyset ud midt inde i jordens vilde indre, så gjorde man klogt i at stå bomstille for ikke uforvarende at dejse på hovedet i en af de vandfyldte kove, som kalkhuggeren havde efterladt i stenen. Nu måtte man jo til at bede om godt vejr og trygle gavtyvene for at få lyset tændt igen, men du alstyrende, hvor var det alt sammen spændende! Det hændte, at man gik ind på den ene side af en mægtig bakke og kom ud på den anden side, flere tusinde alen længere fremme i egne, man slet ikke kendte. Den ukyndige skulle vare sig for at gå alene, han ville øjeblikkelig forvilde sig og aldrig finde mundingen igen, men mine fætre bevægede sig med en sikkerhed som hjemme på deres fars lo.

Men Daubjerg havde endnu flere eventyr, skønt kalkgravene var de største.

Der var en bæk, der kom ned gennem dalen med rislen og sang hen over de brede flintesten. Pludselig sank den lige i jorden og blev borte og skulle nu findes langvejs henne, hvor den dukkede op af kalklaget som den køligste og skønneste kilde, der kastede sig i slyng vesten om byen og omsider svulmede til en å, der gik helt ud i Limfjorden.

I disse mærkelige naturomgivelser - der ikke har deres mage i hele det øvrige land - der gik mine fjerne forfædre med deres grundskikkelige navne Jens Pedersen, Peder Jensen, på fars linje, Jeppe Sørensen og Søren Jepsen på mors linje.

Jeg ved intet om disse forfædre andet end disse fattige navne i kirkebogen, men det er ikke usandsynligt, at al denne naturmystik over og under jorden kan have kastet stænk i slægtens blod, som ad mærkelige omveje er kommet mig til gode. Til yderligere øgelse af denne romantik skete her engang en stor katastrofe. Daubjerg By brændte rub og stub en forårsnat 1792. Den havde før ligget så idyllisk med ryg mod ryg, med længerne filtrede ind i hinanden som alle gamle landsbyer, med den idylliske bæk skummende over møllehjulet, derfra snoende sig hen mellem bakkerne imod vest og nord. Men pludselig kommer en skæbnehånd ud af mørket og stikker en af gårdene i brand, der taltes om en hævnsyg tater, der jo havde så mange gårdbrande på samvittigheden i disse tider. Og i en håndevending var hele byen omspændt af flammer, folk stod berøvede alt, indtil skjorten. Da fik daubjergboerne en forskrækkelse i kroppen, som knapt er glemt den dag i dag. Det var i udskiftningstiden, da der fra regeringens side arbejdedes på at få bønderne til at flytte ud på deres marker. De holdt ikke af at komme fra hinanden, ligesom fåreflokken var de vant til at holde så nær sammen for fælles værn og hovros skyld; men nu trængte nådigherren på, gårdene spredtes ud over bakker og lavninger. Min mors slægt kom til at bo i Stavnsbjerg langt mod nord, min fars slægt tog bolig i æ' Graw' (gravene), der hvor gården ligger den dag i dag, underlig kejtet og akavet midt i en vældig dalsænkning, med markerne langt i øst, højt oppe på bakkerne, yderst ubekvemt og umageligt for jordenes drift, - men længere fra det oprindelige leje nede ved egnen kunne man ikke drive dem.

Der er ført et strengt og fattigt liv i den gård, idet dens beboere mere har indrettet sig på at høste under jordens overflade i form af kalkbrydning end oven på de sandede agre. Det var altid en fattig afgrøde, der stod der i Daubjerg, vipperne ligesom råbte til hinanden, kløver så man intet af ret mange steder, men des mere spergel og boghvede.

Mens byen blev bygget op efter branden måtte folk ligge i skure og udhuse, derfra kom et fremmed element ind i min slægt, - en tjenestepige fra Sejbæk var i denne fælles lejr af mænd og kvinder kommet for nær til en af de mange Peder Jensen'er på fars linje; sådan kom jeg til min bedstefar Jens Pedersen; jeg kan huske ham fra midten af 70erne, siddende ved vor bordende dernede i Aakjær, som en utrolig vissen olding, med stridt skæg som en kalkbørste og midt i al dette visne en uhyre merskumspibe beslået med sølv. Han må dengang have været over de firs.

Min bedstemor på fædrene side hed Kirsten, hende kan jeg ikke huske. Hun var en meget kraftig personlighed, det var hende, der "bar bukserne", og ikke det visne skæg, som er det ældste af min slægt, jeg har set. Om Kirsten i æ Graw' - Kjen' Vistisdatter, fortælles der, at hun kunne rejse sig fra mandens side kl. 4-5 de kolde vintermorgener, drikke en halv pægl brændevin på fastende hjerte, og så gå i loen for ved lygteskær at svinge den tunge plejl over negene, til davren kom på bordet, derefter kunne hun gå i kalkgraven og bære det lispundtunge bræt med kalksten op ad de stejle stiger og fortsætte dette arbejde til den mørke nat.

Sådan levedes livet i det gamle Daubjerg, så ingen fattig daglejer nu lever strengere. Hun og manden opdrog en stor børneflok, de fleste fik moderens slidsomme sind, dog ingen af dem hendes trang til den kradse brændevin.

Far var en stor slider, men fattedes ligesom håndelag, hans arbejde var en underlig fimren, mærket af planløshed, men hans bror, farbror Per Østergaard i Vrove, der ikke var større end tobak for en skilling, er den vældigste slider, jeg har set.

Jeg har skildret ham som farbror Palle i "Arbejdets Glæde". Hvad dette menneske kunne udrette i høhøsten, når han fik en fork i næven, grænsede til det utrolige. Der var noget trolddomsagtigt ved den energi, noget helt uforholdsmæssigt mellem mandens vækst og de forvovne byrder, han slæbte af med. Men den bror, der blev i fødegården, Visti, slægtede mere min bedstefar på, og sad helst løs og ledig i bænkkrogen.

Foruden disse to brødre havde far en række søstre, én, Bodil, var gift med den lille smilende Jens Nygaard, hun døde ret tidligt af brystsyge. En anden, Johanne, gift med sognefogden Claus Olesen, en meget stilfuld gammel knark med sølvknapper i vesten og stor merskumspibe under næsen.

De boede i den smukke, gamle gård, Bakkegaarden, der ligger og lyser så langt over engdalen, og er noget af det første, man ser af Daubjerg, når man kommer vestfra. Den gård har sikkert stået lige siden branden. Både der og i Daubjerg bor endnu mine kødelige fætre, den ene sognefoged, nemlig Ole Clausen, den anden, Jens Jensen, sognerådsformand, som han har været i en menneskealder. Endnu skal nævnes blandt mine tanter: Faster Malén, den uheldigste af flokken. Hun blev fattigt gift til Laanum. Efter at to mænd var døde for hende, blev hun forelsket i en tredje, der ikke ville vide af hende.

Hun mistede forstanden for ikke rigtig at få den siden, kom på sindssygeanstalten i Århus, og atter tilbage, og levede lang tid i Skive, hvor hun døde bitter og forgræmmet op imod de 90. Hun er det eneste individ i min slægt, der har røbet hang til sindssyge. Det var alt sammen ærlige slidere på fars side, men uden noget som helst åndspræg, ingen boglige interesser har nogen sinde ytret sig i min slægt, når netop undtages denne degn i Mønsted omkring 1700.

Det samme gælder på mors side. Her kom der, 1796, en ung mand Søren Jepsen, også fra Daubjerg, og giftede sig med en enke, Kirsten Nielsdatter, i mit fødehjem. Gamle Søren Jepsen, min oldefar, har jeg aldrig set, da han allerede døde 1848, højt oppe i alderen, men den ældste af mine tanter på mødrene side, Kirsten fra Frammerslev har fortalt, at hun kunne mindes ham som en lille sirlig mand med et stort hvidt hår. Han havde sin største glæde af at ligge ved et dige i sommersolen omme i æ Narmark og passe gårdens køer, men dette store, hvide hår er det eneste, traditionen har levnet om ham. Resten må jeg søge i arkiverne. Jeg har flere dokumenter, som han har skrevet med en fast og god hånd; - på et tidspunkt, da ingen bonde kunne skrive sit navn, er han blevet brugt som en slags lommeprokurator, forfatter af skøder og købekontrakter, der nu beror i mine gemmer. Han var med ved Daubjerg brand 1792, og i anledning af byens opbyggelse ansøger hans forældre om, at han sammen med en række andre, må fritages for den årlige militærmønstring. Underligt nok at både fars og mors linje skulle komme fra Daubjerg og bosætte sig i den lille, lave gård ved engen. En gang til gyder Daubjerg nyt blod i slægtens årer, nemlig da min bedstefar, Jeppe Sørensen, som i det daglige altid kaldtes Jeppe Aakjær, og som jeg er opkaldt efter, hentede en hustru fra Stavnsbjerg, den nordligste gård i Daubjerg; hun hed Margrethe, men døde tidligt (1859) af brystsyge.

Så vidt jeg har kunnet forstå, er alt det blide og følsomme kommet ind i min slægt med denne kvinde, thi til fars side lå kun jordvendthed, en vis snusfornuftig gudsfrygt, stærkt blandet med rationalisme. Al poesien må sikkert søges på mors side. Min bedstefar, som jeg har skildret ovenfor, er et sammensurium af rasende lidenskaber, lige fra brølende fuldskab og vild bondetrods til angergiven selvbebrejdelse, - der var både sødladen kristelighed og flinthård selvhævden i denne vadmelssjæl. I et øjeblik kunne han ligge nedkastet i gråd og hulken, i det næste rejse sig under forfærdelige eder og flyve sin modstander i struben, med løftet knortekæp eller næveslag i bordet, så punchekopperne raslede. Men hans kone, den svagelige Margrethe Simonsdatter, skal have været blid som en due, og hende elskede han. Hun fødte ham en række børn, mest døtre, kun en søn, morbror Søren. Men en dag, da hun stod over sin bagning, brast noget i hendes lunger, og livets varme blodstrøm stod ud af hendes mund; en blod-styrtning gjorde ende på hendes flittige liv.

Mor blev så blød i stemmen, når hun talte om denne bedstemor. Der er intet billede taget, hverken af hende eller af min bedstefar, end ikke af min mor, selv om hun først døde 1890. Dengang løb man ikke sådan til fotograf som nu om stunder. Min mor kom ingen steder, uden naturligvis til nærmeste købstad. Det er selvfølgelig vor skyld, at vi ikke har fået hende op til en fotograf, når hun var i Skive. Jeg ville have givet, jeg ved ikke hvor meget, for et billede af denne mor. Jeg har prøvet alle mulighe-der; det var nemlig skik, at mødre lod sig fotografere med deres afkom, når de var sagt til, for at lade børnene vacci-nere i Fly Skole, hvor gamle dr. Schou mødte frem og besørgede det fornødne; mange andre mødre er der foto-grafi af fra den lejlighed, ingen af mor, til trods for at hun har måttet gøre denne vandring på pligtens vegne hele 8 gange, thi så mange søskende var vi, og er endnu den dag i dag.

Min slægt kom sammen mindst en gang om året, de gjorde store gilder. Et barselgilde kunne ikke gå af i stil-hed, da blev der spist og drukket godt. Gildesmiddagen bestod gerne af kødsuppe med vældige boller, der lå som en drøm på tungen. Der blev langet til fadene, 3-4 mand eller endnu flere om hvert fad, men jeg har aldrig smagt bedre suppe end den, der vankede ved disse bøndergilder, og sådan var det helt igennem. Efter suppen kom mægtige skiver af oksekød og høns til peberrodssauce med korender i. Den 3. ret var gerne noget, de kaldte "mandelkies", der serveredes i dybe tallerkener. Der var ingen smalle steder ved disse barselgilder. Stærkt hjemmebrygget øl og al den brændevin, enhver ville synke, og de fleste ville helst synke meget. Man var ikke kommet langt ind i retterne, før de lave stuer skælvede af larm. Hvem, der kunne blive fuld, han var det. Nogle blev så morsomme af det, andre ondskabsfulde, - det var dog de færreste; men den, der støjede mest op ved disse gilder, var gerne min farbror Per Østergaard (farbror Palle). Han havde en farlig høj og gennemskærende stemme, i fisteltone, der bed som en saks i et lagen. Hans hånsord kunne udmærket godt ramme en modstander ved den anden ende af bordet lige i planeten. Han var sig bevidst at være den rigeste i laget, det holdt han ikke for sig selv nu, da han havde blandet blod med den store timeglasflaske på bordskiven. Det var ikke småfinter, han gav sine slægtninge eller bekendte. Det var krasse fornærmelser, under hvilke man dukkede hovedet. Han var jo en rig mand, så det var usømmeligt at svare igen, men hans kone, Maren, bred og bøvet som en ladeport, hun kunne styre ham. Når hun rettede sine hårde øjne imod ham fra langskamlen lige overfor, så blev farbror Per lidt vaklende i mælet. Men Maren var jo ikke altid ved hånden, og så kunne Pers injurier blive skrappe nok. Det var dog sjældent, det udartede til slagsmål ved gilderne under min fars tag, men helt udelukket var det ikke, og det gjorde mærkværdigt lidt opsigt, om et par gamle stønisser fik hinanden ved håret under den syvende snaps. Lidt halløj måtte der jo til.

Når maden var taget af bordet, og alle havde mættet sig, blev der gerne dans i storstuen. Det var den mest løsslupne glæde, en sand hollandsk kermesse af hyl og tummel og skørters sus, mens de jernsinkrede fedtlæ'rsstøvler stampede takten i sveitrit og Hamborg-skotsk.

Disse gilder har jeg været med til, fra jeg var en lille bitte rotte, der gik og stumlede foran skaffernes træsko, når de bar ny suppe ind. Man var med med liv og sjæl, men ingen tog ringeste hensyn til en, uden for så vidt at man blev fyldt med mad og drikke, til man dejsede.

Man kunne ikke få næsen op over bordet - så stor var man ikke, men man kunne altid få hovedet mellem de andres ben og kigge på det hele med spillende øjne, lige fra farbror Per, der larmede og tog på, til klarinetmanden, der stod foran forstuedøren og tog mod enhver ny fremrullende vogn med de mest fortryllende toner. Somme tider kunne det jo hænde, at en af tanterne tog mig op på skødet og spurgte mig om, hvor gammel jeg var, og fyldte et stort stykke søsterkage i munden på mig, men ellers var det netop så dejligt at passe sig selv. Til sidst slog den vilde larm sammen om ens hoved, man blev søvnig, man trillede bogstavelig om i en krog og blev løftet op og båret ind i en glædesforladt alkove, og når man vågnede næste morgen, var der ikke spor af gildet tilbage, alle gæsterne var forsvundet som skygger, spytklatter og fæle skrå lå strøet over stengulvet, nogle halvt drukne sjatter stod og dovnede på langbordet. Så kunne der atter gå et år eller to, før huset rejste sig på fire gloende pæle, og eventyrlarmen rykkede ind under de knastrede bjælker.

Til disse familiegilder, der næsten altid kun omfattede de gifte, har jeg været med både i min fars hjem og hos slægtningene, hvor jeg kom med, for at mor kunne komme med; hun kunne jo ikke lade disse småtrolde blive alene hjemme, når hun var til gilde. Der har jeg set megen løssluppen glæde, sjælden råhed eller brutalitet. Var præsten med, gik det især sømmeligt til, da bonden dengang havde betydelig mere respekt for præsten end nu om dage. Der har jeg fundet motiverne til mange af mine historier. Det var tiden omkring 1870-75, bønderne var helt anderledes dengang end nu, klædedragten var for mændenes vedkommende næsten altid vadmel, kvindernes hjemmevævet hvergarnstøj. Så man nedefter sådan et langbord, sad de fleste af de gamle med deres lodne kabudser på midt i suppedampen, dog sjældent ved det bord, hvor præsten og hans "madamme" tronede for bordenden. Degnen indledte gerne spisningen med en salme, og somme tider kom spillemanden hen i dørkarmen og blæste et stykke på sin klarinet.

Efter middagen blev der spillet kort og røget tobak af egne medbragte piber, - cigaren var ikke opfundet, rødvin og bajersk øl heller ikke, men der blev drukket videre af brændevinen efter behag (den kostede dengang kun 27 øre flasken), ved særlig fine lejligheder blev der båret punch ind på bordet; men det var farligt, den slog tit sin mand i gulvet. Brændevinen var derimod en daglig drik, som de fleste var vant til at omgås. De alt for fulde blev lempet til en side, men det var anset for en skam at blive overvældet, - de kunne støje, så meget de ville, men sank de under bordet, blev de til grin og samtaleemne for lange tider.

Hjemkørslen skete gerne under et vældigt spektakel. Manden sad fyldt af vovemod på kuskesædet, konen krøb ængstelig op ved hans side og holdt skarp øje med alle hans bevægelser.

Vejene var dengang forfærdelige, vognene uden fjedre, der skulle ikke meget til at kaste sådan en gammel kasse om i et brat vejsving. Hestene, der havde stået på stalden og fået rigelig gildeshavre, stod foran brøndkarmen og klippede febrilsk med ørerne og ventede på det drabelige piskeskrald, mens lyset fra gildeshuset glimtede i det velpudsede bringetøj. Så raslede en vogn ud under porthvælvingen, så den stille stjernenat fyldtes af drøn, en anden fulgte den i hælene, sådan videre indtil hele gården var tømt, og spillemanden stod med drukne øjne og suttede på sin klarinets mundbid og sendte de bortdragende gæster det sidste farvel, mens vognene slingrede af sted og spredtes under fuldmånen. –

Min mor havde følgende søskende: Kirsten, som var den ældste, hun blev, som tidligere fortalt, gift med en gårdmandssøn, Laust Nielsen fra Feldborg. Sidste gang, jeg så moster Kirsten, var hun en gammel, rynket, noget menneskesky kvinde, op i 80erne, der holdt hus for sin ældste søn Niels fra Frammerslev. Manden, Laust, var da for længst død. Denne gamle moster var blevet bitter og sær, så hun ikke ville sammen med den øvrige familie. Hun tog dog venligt mod mig og forærede mig flere slægtsminder, bl.a. et par gravskrifter med prentede typer, der hænger på min væg og er de eneste minder, jeg har om disse familiemedlemmer, - også sit portræt forærede hun mig; hvor ville jeg have været glad, om det havde været min mors!

Endnu en søster til min mor blev gift til Feldborg, nemlig Dorothea, - hende jeg har skildret i novellen "Dorres Kat". Manden hed Knud Pedersen og blev aftægtsmand derhjemme en kortere tid, hvad jeg allerede i har fortalt. Han drog tilbage til sin lynghede. Han skulle have været urmager og efterlod en sum penge, som gik slægtens næse forbi, fordi de ikke kunne holde ham ud, indtil han kunne bekvemme sig til at krepere.

Også Dorres gravskrift er jeg i besiddelse af, og fletningen, som er omtalt i novellen, lå i mange år i mors dragkiste, et møbel, der endnu pynter i fødegården. Mor havde en eneste bror, der gik som karl i gården i min allerførste barndom. Han hed Søren Jepsen og blev gift med datteren fra Nørgaard i Bilstrup, en fjerdingvej syd for Skive. Han lignede ikke så lidt min bedstefar i udseende. Han var en brav og slidsom mand, der fik en stor vognmandsforretning og leverede sand og grus til murermestrene inde i Skive By. Under det arbejde blev han meget hjulpet af sin svigerfar, Per Christian, en herlig, gammel slider, som man altid kunne finde med bart hoved i grusgraven, hvor han sled for både to og tre. Han havde som yngre drevet med gæs "ad æ sønden", dvs. Holsten. - Det er ham, jeg har tegnet i digtet "Povl med den tunge skovl".

Morbror Søren døde forholdsvis tidligt. Han var en dygtig mand, men et ualmindeligt vrøvlehoved på det religiøse område. Besøgte man ham, bestod hans underholdning næsten udelukkende af timelange omvendelsesforsøg; i den retning var han ikke til at holde ud. Han havde fået færten af, at jeg havde en snip af fritænkeriet, så han hagede sine kløer i mig. Han havde sådan en ynkelig, halvt grædende facon, på hvilken han fremsatte sine ferske meninger om Gud og alverden. Resultatet var, at jeg blev borte for at slippe for al det tuderi. Han var et par gange gået med mig ud ad vejen og havde stukket en tikrone til mig som studiehjælp, nu gik jeg glip af dem. Han var en rar mand, men af en noget sylrende halvmissionsk retning, ufrisk og uglad, en tone, der heller ikke var fremmed for min mor, når hun optrådte som frelsepige.

Den sidste af mors søskende er moster Sine. Hun lever endnu og holdt fornylig guldbryllup med sin mand, Jens Chr. Paulsen, Års, der forleden blev 80 år.

Det er et par livsglade og ypperlige, gamle mennesker, der har gennemlidt det utroligste uden nogen sinde at tabe humøret. Fra moster Sine har jeg utallige breve, der også er fyldte af gudelighed, men engang imellem er der også et stænk af hendes eget slidsomme liv.

Almuen i hine dage kunne overhovedet ikke tage en pen i hånden, før den fadeste fromhed spruttede ud over papiret som skidt fra en spædekalv. Det må man finde sig i. Den dag i dag foretager moster Sine de mest uskrømtede omvendelsesforsøg på mig gamle menneske. Men jeg sørger for at få moster til at le af et eller andet, der ligger lidt nærmere jorden, - så er hun en kvinde fuld af viden. Livet har taget så hårdt på hende. Hun har gennemgået det utroligste i retning af fattigdom og afsavn, men hendes levemod er ukueligt, og hun er det gladeste gamle menneske, man kan være under tag med. Til hendes sølvbryllup skrev jeg for 25 år siden sangen "Arbejder-sølvbryllup". Da boede de i Skive, hvor hendes mand var fabriksarbejder på Nielsens Farveri. Oprindelig boede de i Staarup, lige op ad fjorden. Da var det en stor glæde at besøge dem om vinteren, når fjorden var islagt, og man med en slæde og et par pigkæppe kunne rutsje over det milebrede vand, helt ind mod Salling og Skive. Det var ikke nogen ufarlig sport, da fjorden tit var fuld af våger, men hvor var det spændende at lade sig føre af medvinden, næsten med lokomotivets fart, hen over den spejlblanke is!

Det var mit første bekendtskab med Limfjorden; jeg var dengang i konfirmationsalderen. Jeg anede ikke, at så meget af mit liv senere skulle hengå ved dens bred, før jeg 1906 rejste mine teltpæle ovre på dens vestre side.

Med moster Sine og hendes brave mand foretog skæbnen mange lunefulde kast; som oftest var de lænket til den dybeste armod, til sygdom og tilskikkelser af alle arter, men de holdt hovedet højt. Den dag i dag er Jens Chr. Paulsen så rank som et lys.

Moster Sine fødte en 15-16 børn. Difteritis og anden smitte slog ned imellem dem og mejede dem hen, men der er ikke blevet så få tilbage endda. De to slidsomme mennesker er næsten en roman værd. Sine er den eneste tilbageblevne af mors søskende, hun er endnu ikke så gammel, som Kirsten blev, da hun døde, men hun har jern i veddet, så det er meget muligt, hun når den samme høje alder.

De spæde år

Det er ikke mærkeligt, at jeg er blevet høstens sanger, for jeg er født mellem to havrelæs, hvoraf det første kom til gårde med hoppende neg og klaprende skravfjæl, mens en lille forpustet pige, der havde rendt med bud fra mor, at nu blev det alvor, kom i strakt galop og med flyvende hårtoppe over grøfter og toftdiger. Det var en mandag, som jo er en Tyge Brahes dag! - 10. september 1866.

Hvor besynderligt det forekommer mig selv, mener jeg dog at kunne føre min første livserindring hen til de oldtidens dage, da jeg bare var 1½ år. Og den oplevelse, der knytter sig til denne fjerne tid, var såmænd af grumme ringe værdi. Jeg var som lille slem til at rende hen, måske et forvarsel om mit senere omstrejferliv, og i min sløjkjole, som alle bønderbørn bar dengang til deres 4.-5. år, var jeg dumlet om til naboens, Christian Melgaards, hvor jeg, uden at nogen havde set mig, var gået ind i vognskuret. Her sad jeg filosofisk på min bag og legede med en kasseret staldlygte uden glas. Denne vidunderlige tingest optog min barnefantasi så stærkt, at jeg glemte både tid og sted, mens min ulykkelige mor vred sine hænder i fortvivlelse over min sporløse forsvinden. Denne lyst til at give forsvindingsnumre var en såre ubehagelig sag for dem, der skulle passe på mig; bedst som man så sig om, var jeg langt borte. Mor måtte være glad, om jeg trak langs vejene, så kunne hun da gøre sig håb om langt ude i det fjerne at se min vajende gule hårfylde hoppe for vinden, hvad der bare afstedkom en ubehagelig løbetur for mor eller pigen. Værre var det, om jeg trak ud over engene med de dybe grøfter eller ind i kornmarkerne for at lytte til rugens forføreriske sus, der bragte mig til at slumre ind, mens de ringlende kornbjælder udslettede alle mine spor. Det er erindringen om disse flugtforsøg, der har affødt kapitlet i

"Bondens Søn", hvor jeg, efter at en hel by havde søgt efter mig med lygter og lænkehunde, blev fundet sødt indslumret under bordet i et nabohus, hvor et par skrædderpiger uden at vide det var kommet til at dække for den sovende unge med deres udspilede fiskebensskørter. De klø, jeg ved den lejlighed fik af bedstefar, kurerede næppe ret længe disse indgroede føjtegriller. Huset, hvor jeg blev fundet, tilhørte min evig uforglemmelige ven Gammel Johannes, hos hvem jeg fra den spædeste alder løb ud og ind, og som tog sig af mig med en rørende omhu, der stod i en forunderlig kontrast til min bedstefars brutale pædagogik. Hans hus lå kun en snes favne øst for mit barndomshjem, midt på byens gade, hvor Johannes selv havde ladet det bygge i begyndelsen af tresserne, da han svirede sig fra en større gård i byen. Hans lille gule hus med de blåmalede vinduer og døre var mig som et eventyrslot tækket med pandekager. Gik verden mig imod derhjemme, søgte jeg op til min ven bag den blå forstuedør. Han tørrede mine øjne og tørrede min næse og gav mig for min gane det største stykke kandissukker, han kunne finde i sin skænk. Men Johannes var det mærkeligste, det mest sammensatte menneske, jeg har kendt. Han elskede børn og lam og killinger og alt, hvad der var spædt og hjælpeløst og kunne behandle dem med de ømmeste hænder. Men han elskede også sviren, den vilde, sanseløse rus, der i drukne sviregasters lag kunne stige til de mest forvovne højder. Alle Johannes' indtægter randt af et kobbel får og en snes høns, ellers ejede han intet, så det var ubegribeligt, at han kunne få det tørre brød og alt det brændevin til brødet. Men brændevinen var jo dengang billig, og hvordan det nu forholdt sig, Johannes havde altid nok i huset til at slå en stodder fuld, og sjælden var han uden selskab, der larmede, sang og stimede, så spektaklet gik for de åbne vinduer i blide sommernætter langt ud over de månebelyste enge. Der var ikke mange dage året rundt, jeg som lille ikke kom i det hjem, og fra min plads mellem bordbenene så på det vilde og løsslupne liv, uden at det tilsyneladende angreb mine nerver. Der vankede altid rigeligt med sukker fra Johannes' gavmilde hånd, og der var ingen, der fortrædigede mig, selv under den vildeste rus. Når de tåbelige, skæggede mænd havde skubbet de tømte kopper fra sig, stod jeg på tåspidserne og slikkede med min finger i koppen efter resten af punchens puddersukker. Værst blev det for mig og min mor, når jeg havde samlet en af stoddernes skrå op fra gulvet og puttet den i munden. Mor yndede naturligvis ikke disse hyppige besøg i drikkebulen, men det var umuligt at holde mig hjemme, og hun vidste, at Johannes aldrig ville gøre mig nogen fortræd med sin gode vilje. Når huset var fri for sviregaster, kunne der heller ikke tænkes noget morsommere sted for et barn, hvor alt var tilladt. Hund og kat og høns gik som de ville igennem stuerne, og kyllingerne kom og pikkede brødkrummer af Johannes' hånd. Somme tider fik jeg lov at ligge hos ham om nætterne. En lille forkælet hund, "Dine", havde han altid inde under dynen; den kunne godt hitte på at komme og slikke ens tæer i søvne, og slog man øjnene op i morgensolen, sad kokken og hans høne pænt side om side på sengens fodende. Det var utrolig grin alt sammen! I et hjørne af dagligstuen lå en dynge kartofler, der havde fået gule spirer så lange som en arm, og får og lam kom fra toften ind over gulvbrædderne for at spise brød, der var levnet fra måltider. Så kunne man godt få lov til at klappe dem over de grå næser eller selv give dem brødet. Men somme tider tog Johannes en gammel tyk bog med irrede messingspænder ned fra loftshylden og gav sig til at læse højt for Vorherre på en egen klynkende, våndefuld måde; så tålte han ingen forstyrrelse så længe, for det var Bibelen. Og gennem læsningen af den skulle forsynet smøres lidt om munden, så man på dommens dag kunne se gennem fingre med Johannes' store overtrædelser i brændevinsfaget.

Johannes levede i sit snævre hus en 30 år, altid når der var lejlighed dertil i sus og dus. Da slog omsider hans skæbnetime. - Den brødefulde Slemmdreng (se senere) havde lagt sig til at dø. Han efterlod en 1600 kr., der tilfaldt Johannes som arv. Nu antog sviregilderne foruroligende former. Den bugede "gammelmand" (brændevinsdunken) red ustandselig "owselsang" på Johannes' ranke skuldre fra og til landhandler Jens Nørgaard i Mogenstrup. Så hændte det en sommernat i 1884, at en fyldebøtte (for øvrigt far til landhandleren) døde under sviren i Johannes' hus.

Sagen måtte ind for en politiundersøgelse. Nu var Johannes blevet ædru, hvad han knap havde været, siden æ Slemmdrengs arv faldt i hans hænder.

Jeg husker godt den sommerdag, da Johannes gik rundt om sit nu af gæster og gaster så forladte hus i ve og rædsel, fordi politiet hvert øjeblik kunne komme og hente ham. På en gang skråede han over toften ned mod mit hjem for at søge trøst hos min mor, som han så ofte tidligere havde betroet sig til, når det stod på storm. Men min mor var i det moralske selv så retlinet. Hun havde gennem hele sit liv haft lejlighed nok til at iagttage Johannes' mægtige udskejelser i ondt og godt - nærmest vel det første - ofte i følge med bedstefar. Hendes fromme sind så ligesom en retfærdig himlens straffedom i det, der nu kom, og hendes ord faldt den dag ikke videre fortrøstningsfulde. Johannes sad på bænken og endevendte under angerens tårer hele sit syndige liv. Han var et bytte for den vildeste sorg. I romanerne vrider heltene deres hænder for et godt ord; i virkeligheden ser man det meget sjældent. Men Johannes vred sine hænder for min mors åsyn, mens han ligesom betlede om et par trøstende ord. Han kastede sig ned over bordet og hulkede krampagtigt,

men min mor stod ubarmhjertig og streng og sagde: "Jeg
har sagt dig det så tit, Johannes, at det ville ende galt en-
gang, sådan et liv som du har levet." Johannes dunkede
sin pande mod bordpladen, indtil han brat rejste sig op fra
tåresporene på langbordet og gled ud ad døren, ud over
gårdspladsen og videre vesten om som en, der ingen ret-
ning har, men lader sig drive ganske af tilfældet. Jeg unge
menneske havde halvt i smug overværet denne tragiske
scene. Mor blev ligesom bange for, at der skulle ske noget
og råbte til mig: "Åh, gå endda ud og se efter, hvor han
blev af." - Da jeg kom om på den anden side af huset,
havde min gamle ven dér kastet sig ned i en høj busk med
brændenælder; han rullede sig rundt i nælderne under den
vildeste jammer, idet han ligesom med velbehag dukkede
sit ansigt ned i dette bad af svidende smerte. End ikke min
kaldende stemme kunne rigtig vække ham af disse selv-
pinsler. Da jeg havde talt et par beroligende ord til ham,
rejste han sig brat over ende. Hans kinder var flængede af
glasskår, hans pande bar store vabler efter de hvasse næl-
der; klynkende tog han sin hue op og gik tilbage til sit
fattige hjem for der at afvente sin skæbne. For Viborg
straffedommer van Wylich blev hans brøde (uagtsom
manddrab tillige med homo!) takseret til 4 års tugthus.
Det blev Horsens. Sognerådet derhjemme skyndte sig
med at jævne hans hytte med jorden. - En dag, da kron-
prins Frederik (senere Fr. 8) besøgte Horsens, fangedes
hans blik af den gamle mand med det pæne, hvide hår, der
sad bag spelterokken og så så rar ud. Prinsen spurgte om
hans brøde og ynkedes over ham. På kongens fødselsdag
samme år eftergaves Johannes resten af straffen. En mørk
aprilsaften kom han uden varsel hjem fra tugthuset. Han
havde allerede fået sin dørnøgle op af lommen for atter at
komme ind til hjemmets fattige del. Da var der intet hus.
Mørket dækkede dets ruin-rester, der lå spredte over tom-
ten.

Johannes kom sønderknust om til naboens og vækkede dem. Med grædende stemme stod han i midnatten under vinduet og bad om en forklaring.

Sognerådet, der havde håbet på hans død i fængslet, måtte nu skyndsomst bygge ham hans hus op igen. Det blev så armt og snævert som vel muligt. Der har jeg siddet snesevis af gange og lyttet til hans springske fortællinger. Thi hans fortællerglæde fik de ikke kuet.

Da Johannes blev gammel og halvvejs blind, kneb det jo for hans selskabelige sjæl at få has på den sneglende tid. Han havde en hund og nogle høns, desuden et par får med lam, som han behandlede med den største omhu. Johannes' får kunne komme stampende ind ad den åbne dør for at æde brød af hans hånd. Hans hund lå i sengen hos ham, hans yndlingshøns sad stadig natten ud og sov på sengestolpen ved hans fødder. Det gamle, ensomme menneske kunne i de duggede sommeraftener, når nedgangssolen kastede sine favnende stråler ind over de mossede tage eller glitrede i rajgræsset ude på de brede enge vesten om byen - sætte sig ud på et jorddige nord for huset og med sit ansigt vendt mod den vældige aftensol sidde og synge sine stolprende konfirmationssalmer med en høj, gennemtrængende gammelmandsstemme, der svarede igen imod de lave gårde. Sådan har jeg tit set ham sidde mutters ene med hænderne om sit knæ, vuggende hid og did under rytmen, mens nedgangssolen skar i hans halvt udslukkede øjne.

Når vinteren kom med hylende snefog rundt om hans utætte gavlluger, trak Johannes sig ind i det inderste hjørne af den fattige stue, hvor der hyppigt lå en dynge kartofler og satte lange spirer mod kalkvæggen. Da fandt hans gamle, rystende hånd op på mælkehylden under loftet, hvor der lå en spændebibel på tykkelse med bjælken og med typer, der næsten var tommehøje. Det blev nu Johannes' underholdning i de ledige stunder. Han læste gerne højt for sig selv. Det var såmænd ikke for fromhedens skyld, den lod han præsten sørge for, når han en enkelt gang søgte til kirke, men der var nogen gode historier bag i Bibelen, som Johannes havde fundet frem til, historien om den hellige Tobias eller den blodige Judith, der huggede hovedet af Holofernes (Johannes læste navnet: "Holofficeren"). Også Daniel i løvekulen og samme herre i en gloende ovn anså Johannes for god underholdning i en ledig time. Men Johannes kunne ikke have ret meget for sig selv. Når han havde tilegnet sig sådan en historie, kom han jokkende nedover toften til mit hjem, og så var han fuld af trang til at meddele sig til omgivelserne, og det var gerne os knægte, hvis øjne hang ved hans læber, mens han fortalte om sine bibelske helte med de mest fantastiske overdrivelser. Naturligvis fortalte han på jysk, for det var det eneste sprog, han kunne. - Og alt, der gik igennem Johannes' hoved, ynglede i hans fantasis varme, så vi lå flade af grin. Det er fra disse fantastiske gengivelser af bibelens fortællinger, jeg har ideen til "Gammel Jehannes hans Bivelskistårri".

Johannes Villadsen blev meget gammel og beholdt sin åndslivlighed og høje fortællekunst til det sidste. Jeg besøgte ham altid i mine ferier og fandt ham bestandig den samme. Også sommeren 1902 havde jeg tilbragt mange timer i hans alt andet end propre gammelmandshule. Nu var jeg på vej til hovedstaden, men ville først sige farvel til ham og takke for samværet. Forinden jeg steg af vognen, så jeg ham sidde ved husenden på gammel bondevis, ydmygt nedsænket mellem sine træsko i et fuldt lovligt ærinde. Vor hilsen måtte derfor helst blive på afstand. Johannes lettede på sin flade hue og fortsatte sit. Jeg kørte vinkende videre.

Det var den sidste gang, vi mødtes i det frie.

Da jeg næste sommer kom hjem, var han blevet taget ned. - I et brev til min bror Jens (dengang i Amerika) fortæller jeg (23. juli 1903) om hans bortgang: "Jeg rastede en dag i Aakjær, mest for at tage endelig afsked med Gamle Johannes, der lå og droges med døden. Han kunne dog ikke mere kende mig, og da jeg i den tidlige morgen gled forbi huset på vej mod hovedstaden, lod jeg kusken standse de røde, mens jeg spurgte et kvindeligt væsen, der stod foran døren: "Hvordan har Johannes det?" - "Nu har han det godt; han døde i morges kl. 5!" - Jeg mærkede, at jeg fik gråd i øjnene. Jeg har alle mine dage haft meget tilovers for Johannes; han var et rigt og bevæget gemyt med et eget strømmende væld af naturlyrik i sin sære, forvildede sjæl. Han var af den slags almuetyper, som svinder uden nogen sinde at erstattes. Han er den sidste i rækken: Ywer – Trowls, Jens Daalum; ved hvert nyt dødsfald af den art, lider jeg et uopretteligt tab. Den, der engang vil forklare min litterære tilblivelseshistorie, han må søge tilbage til disse almuesmænd, thi dem skylder jeg tifold mere end bøger og professorer. - Der var få, der talte det herlige jyske sprog med et sådant mesterskab som Johannes. Han behandlede det med næsten kunstnerisk fuldendthed. En almindelig fårehandel eller den trivielleste hverdagsbegivenhed blev ved hans fortælling til et lille poetisk værk. Han var en sand digter uden at vide, hvad en digter er. Hans liv randt hen mellem drukkenbolte og kaglende høns, og hans usle hjem var centrum for megen råhed og bælleri, men ikke desto mindre berører hans død mig smerteligt. Han var som et af de gamle hyldetræer ved kålgårddiget, under hvilket vi har leget som små. Hans fortællinger og talemåder vil glide i min pen til mit livs ende. Når jeg er i tvivl om en jysk sætnings rette klangfarve, da har jeg bare nødig at erindre mig, hvorledes Johannes ville ha' sagt det.

Få timer før sin død forlangte han at få sine ben løftet over sengestokken, for at han endnu engang kunne mærke jorden under sine fodballer. Deri ligger der for min tanke den skønneste filosofi. Johannes elskede dette at leve på jorden, skønt han levede kummerligere end de fleste. Missionen fik aldrig tag i hans livslystne sjæl, og jeg tror egentlig, at han afgjort ville have foretrukket livet her med sine to kobbel får for hint evige, som pastor Winding henviste til i sine trøstefulde ord på det sidste.

Men som sagt, Gamle Johannes er ikke mere; ikke mere vil vi se ham slæbe med sine fårs hampetøjr over sandbrinkerne, ikke mere vil han sidde spyttende for vor bordende med sin "simensak og menasi". Når du engang kommer hjem "from the far West", vil hans grav være sunket, hans hund skudt, hans hus jævnet med sylden, og der, hvor før hans grånæsede lam stak ørerne frem over "æ lukkidig'", vil den kalveknæede Pe' Kresten slunte af sted efter ploven med muldgriske øjne og missionsdjævelen ridende på hammelstokken.

Nu ikke mere om Gamle Johannes; hans liv var en kæde af uro. Nu ejer han den evige fred."

Så vender vi atter tilbage til mine første barndomsdage.

Det var jo tit grænseløst ubehageligt for min mor, at jeg havde den hang til at stikke af fra det hele; thi der var sandelig ikke råd til at holde barnepige for min opvartning alene. Så hittede min mor som alle mødre på nogle gespenster, snart fra den virkelige, snart fra den fri fantasis verden, der skulle stå som skræmmebilleder på min udflugtssti. Hvad den stakkels uskyldige ræv har kunnet bruges til i så henseende er grænseløst. Jeg vil nu slet ikke tale om bussemanden; han har jo ingen anden opgave end at holde uartige børn i ørerne. Men nogle landevejstrækkende gamle stødere blandt tatere eller andet pak blev brugt i samme ædle hensigt, nærmest fordi de altid havde en rummelig tiggerpose på ryggen. Sådan var der især to skikkelser, for hvem jeg nærede den højeste rædsel. Den ene var Kræn Frandsen, bag hvis skikkelige navn der dulgte sig en uhyggelig delirist og kvartalsdranker, der

altid gik i en "brandstorm" og tiggede snapse mellem
gårdene. Men indimellem brølede han som dyret i "Åben-
baringen"; det hørtes næsten milevidt, når han under sine
anfald sloges med sig selv og Satan, så det skingrede un-
der de duggede aftenhimle. (Se "Hvor der er gærende
Kræfter" side 160-63.) - Den anden var en mosgroet,
skikkelig, gammel savleskæg, Baastrup hed han, der af
folkevittigheden kaldtes mestertyven, en titel, han tog som
en stor udmærkelse, da han i sine unge dage havde været
med i et tyvekomplot, der huserede stærkt på min hjem-
egn. Det hændte, at han som så mange andre tatere og
stympere kom til mine forældres dør for at tigge. Engang,
da han overraskede huset på et øjeblik, hvor jeg havde
lavet en eller anden barnestreg - jeg var 3-4 år gammel -
sagde mor triumferende: "Der hår vi Baastrup mæ hans
pues!" Mens tænderne klaprede i munden på mig, udstød-
te jeg på bænken følgende vilde trussel: "A skal slå Baa-
strup i hans stjærn, te hans hued ska klyves!" Men aldrig
så snart smældede klinken, og den grinende gråskæg
skrævede over tærsklen, før jeg gled ned under bordet og
skjulte mig mellem bordtremmerne.

Hjorddreng

Endnu før jeg begyndte at gå i skole, måtte jeg tage min
tørn som hyrdedreng i mit og mine forældres hjem. Hyr-
delivet havde sine stigende grader, begyndte blandt de
snadrende ænder og gæs og gik over fårene til køer og
stude. Mange år af min barndom har jeg tilbragt døgn
efter døgn mutters ene sammen med fårene. Det var løs-
driftens tid, både for kvæg og får; tøjr kendtes strengt
taget kun, når talen var om heste og køer. Under dette
evindelige hyrdeliv, der fortsattes helt op forbi konfirma-
tionen, indsugede jeg ubevidst dette intime kendskab til
naturen og alt, hvad dens er. Jeg var ude med min flok i al
slags vejr, fra lærken i aprils begyndelse dannede sin før-
ste åbne rede i den fjorgamle fåresvingel, til viben under
den regnvåde oktoberhimmel svandt med klagende sus
over sorte hedetørvsstakke. Der var ikke et kreatur, stort
eller lille, hvis vej jeg ikke kendte. Jeg vidste, hvor hare-
killingen havde sit leje bag en nikkende lyngtop; jeg har
krøbet på mine knæ lige hen til dens næse, når den lå og
sov med åbne øjne, mens den kolde forårsvind dannede
små hvide hvirvler i dens bløde luv. Hvor sprællede den
mod ens barnehånd, når jeg strøg den over de lange ører,
og den sprang til vejrs og forsvandt i zigzag over de ku-
plede sandbakker. Jeg vidste, hvor lærken havde sit kuld i
læ af en gammel kæmpehøj; jeg vidste, at når jeg fløjtede,
fik jeg dem til at gabe, da de troede, det var deres mor, der
kom med føde. Og for at de ikke skulle være alt for skuf-
fede, gav jeg dem spyt på min lillefinger, så lukkede de
atter de røde struber. Som Salomon kendte jeg hver fugl,
der flyver under himlen, ja, bare jeg fandt en fjer, kunne
jeg straks afgøre, i hvilken fugls hale eller vinge den hav-
de siddet. Hyrdedrengene pralede indbyrdes med, hvem
der kunne fremvise flest lærkereder. Var en rede fundet,

og man mod sine læber havde mærket, at de små æg var varme, så moderen søgte dem, blev der lagt 3 eller 4 hvide sten oven på hinanden som mærke, men i passende afstand, så det lille dyr ikke skulle fatte mistanke. Takket være disse mærker kunne en dreng i en håndevending forevise sine reder og følge ynglens vækst gennem alle stadier. Men det var ikke alle drenge, man ville vise sine æg eller lærkeunger, for der var nogen, der tog så hårdt på de små skabninger. Tog man dem op af reden og gav de bløde sider et lille klem, så kom der en lille hvid klat, men det havde ungen slet ikke godt af, og sådan en slem dreng skulle man ikke vise for mange lærkeunger. Men der skulle rigtignok også hittes på for at få den uendelige tid til at skride; thi disse endeløse hyrdeår var jo lidt af et tugthus for en rask og livlig dreng. Det var jo en drejen i den samme ring som hunden om sin egen hale, så det er ikke at undres over, at på den firkant af sandagre, hvor man drev med sin flok, kendte man bogstavelig hver flintesten, dens form og farvenuancer i alle døgnets belysninger. Der var det store gode ved min fars mark, at den ikke som flere af nabomarkerne var flad som et logulv, men tværtimod ret bølget. Der var tre punkter på den, som jeg fortrinsvis omspandt med fantasiens fangtråde, og som løfter sig i mindets glans op over dagliglivets enstonighed og kedsomhed. Det var Kistel Bakk og de to kæmpehøje Store og Bitte Kaphøj. Den sydligste af disse høje, æ Sturhyw, brugte jeg så at sige daglig som mit udkigstårn over alverden. Æ Bitte Hyw var fladere og mere indsunket i sig selv, men kunne også anvendes i betryg, om fåreflokken havde foretrukket at græsse ad den kant. Sagnet har udstyret disse høje som mægtige oplagssteder for oldtids sølv og guld. Det var bare at have held til at hitte det! En omvandrende nordmand havde spået, at der lå ti pund guld i Storhøj, hvorfor den var blevet gennemskåret af udkast og løbegrave af gerrige hænder, der altid kun

havde fået en lang næse. I Bittehøj havde min bedstefar
engang fundet et drabeligt bronzesværd, men hvad skulle
han med det skidt! han slængte det fra sig på marken,
skuffet over, at der ikke var det mindste guld i fundet. At
der var skatte i de to høje kunne være rimeligt nok, da der
altid havde boet en bjergmand, for det havde der, så kun-
ne folk nu sige, hvad de ville! Mor havde hørt ham slå sin
kiste i lås inde i Storhøjen en dag, da hun som lille pige
passede får, og det var med en skaltårn, så alting rystede,
og fårene for skrækslagne hen over agrene, og mor var
lige ved at dåne. Men mærkeligere endnu end højene var
måske dog Kistelbakke. Den var i min barndom ganske
skaldet, kun sparsomt bevokset med lyng og kællingetand.
Engang i halvfemserne prikkede min ældste bror den fuld
af granspirer, forledt til denne uærbødige handling af den
da grasserende plantedjævel, så nu kan jeg slet ikke kende
det sted igen, der spillede så stor en rolle i mine minders
land. Til Kistelbakke henlagde de ældre talrige fantastiske
tildragelser med hovedløse heste og hujende gengangere,
forføreriske ellepiger og vilde, larmende spøgelsestogter.
Det skyldtes nok alt sammen dens ensomme beliggenhed
og dens mørke dække af ris og lyng, der blev endnu sorte-
re i måneløse efterårsnætter. Jeg har egentlig ikke noget
ondt at sige Kistel på; mig var den god i al slags vejr.
Skinnede solen, kunne man intetsteds bage skindet som
her eller atter tørre en våd trøje, der havde været ude for
en tordenbyge, og var luften fuld af storm og drivregn,
bød dens skrænter og rævegrave næsten læ for alle vinde.
Og hvor blinkede ikke Karup Å dernede i engene varmt
og dragende, set fra disse højder, og krøb man helt til tops
på den største af Kaphøje, kunne man tælle snese af hvide
tårne ind over Salling og ud over Ginding og Hardsyssel,
hvor den blå dis lå over højderne og skabte de fjerne,
vigende grænser for barnets og mindets eventyrrige.

I skole

Min hyrdedag måtte jeg i nogen grad dele med skolen. Om sommeren havde hyrdelivet dog langt overtaget, så måtte skolen se at tage sig revanche om vinteren. Mit navn, Jeppe Jensen, nævnes første gang i skoleprotokollen novembersdag 1873, hvor min alder pedantisk opgives til 7 1/6 år. Det hedder i samme protokol: "Undervist privat". Det må være bedstefars forsøg på at banke "Den bedendes Kjædes" græsselige bønner ind i mig, der får denne alt for flatterende betegnelse! Nå, mor havde jo da også ved sin rok stridt for at gøre mig ABC'ens mysterier forståelige. Jeg anfører et par fakta fra Fly Skoles gamle skoleprotokol. Således ses det, at jeg ved eksamen den 14. april 1874 i religion har fået g?, i læsning også kun g?. Det er klassens ringeste præstation, hvad der just ikke taler til gunst for den private undervisning. Jeg var ganske vist på det tidspunkt klassens yngste medlem, formodentlig sendt af gårde for at mor kunne aflastes lidt og blive fri for en af de mange forskøtte unger derhjemme. Ved efterårseksamen samme år den 17. oktober havde jeg dog rettet mig en lille smule, om end ikke så meget, at der er noget at prale af. Evnerne takseres til g, fliden til gx, sædelighed mg, hvad der må fryde moralisterne, religion godt plus, læsning mg, skrivning og regning står begge til et fattigt g. Nej, da var der rigtignok anderledes sving i pennen, da man ved min afsluttende eksamen 1880, hvor jeg længe havde været skolens nr. 1, gav mig ug i alle fag, nemlig 8, lige undtaget geografien, hvor jeg måtte nøjes med et g.

Jeg har i "Arbejdets Glæde" fortalt om min første skoledag, som den næsten i et og alt må have formet sig. Det er bare ikke min bedstemor, men formodentlig min egen mor, der ledsager mig op til degnen. De ydre vægge af Fly gamle skole står midt i byen den dag i dag med den ene gavl mod landevejen ikke mange skridt sønden for det gamle mosgroede kirkegårdsdige. Nu holdes her dog ikke skole længere, men skolen er flyttet et par bøsseskud sydpå. I mine første barneår var det et meget tarveligt udrustet lokale, hvor jeg altså har tilbragt 7 barneår, hvoraf de 6 første var så at sige komplet spildte. Læreren, den gamle Niels Lund, der var så godt som olding, om ikke i alder så i evne, var forfalden, så at han hyppigt kom halvt sanseløs ind i skolen. Han havde nok som yngre været en ordentlig og pæn mand; rundt om ved gilderne var han fuld af naturlig munterhed, og når han om søndagene stod i brigsdøren (hvor skib og kor mødes) i sin sirlige sorte frakke og det hvide, stivede kravebryst, så han endda mere distingveret ud end degne i almindelighed dengang. Men konen døde tidlig fra ham; fattig og forkuet var han alle sine dage; så slog han sig på flasken, og sligt skal en skoles ungdom jo snart mærke. Til trods for at gamle Lund sled adskillige favne reb op om året i form af tampe med solide knuder i enderne, for at det skulle bide bedre i bunde, kunne han ingen vej komme med skolens mange opløbne og uregerlige lømler. Ja, det er mig egentlig en gåde, hvad vi fik de 6 år til at gå med, som han tog af min skoletid. Havde vi ikke skiftet lærer et år før min konfirmation, ville jeg til trods for mine anlæg være gået ud af skolen som det argeste drog. En urimelig tid gik der jo med at indterpe Balles frygtelige lærebog i vore hoveder. Ja, dette må betones: Hovederne, thi for hjerterne var der ingen ting i denne klassiske religionsbog. Nu er dette værk jo knap nok en museumsgenstand, men i det meste af min barndom var det en uomgængelig realitet, et torturredskab, selv for de fremmeligste børn, hvis filosofiske dybsindigheder og sidelange petitanmærkninger, hvor alt skulle kunnes til mindste tøddel, kunne få en til at skære tænder i fortvivlelse og arrigskab. Dengang lærte man sin såkaldte lektie, der altid kun betød bibelhistorie og lærebog, i det frie, ude mellem kreaturerne, eller det blev som oftest opsat, til man var kommet hjem i mørkningen. Da kunne man i de stille timer efter solnedgang høre denne knebren af børn, der lærte deres lærebog. En lyd ikke ulig frøernes kvækken i tørvegravene ved siden af. Jeg må bekende, at min ærbødighed for dette værk ikke var større, end når jeg havde læst på en af Balles djævelske anmærkninger en række gange uden at kunne det, har jeg med hænderne taget om en snes blade og givet dem en forsvarlig flænge. Så kunne ens mor ved synet af den mishandlede bog udråbe: "Men Herre Jøsses, hvordan er det endda den kjønne bog ser ud?" og så måtte man jo hitte på småløgne for at undgå ethvert tugtens ris.

Men jeg må da have fået den lært, at dømme efter den fine karakter i skolen og min ophøjelse som det flotte nr. 1 på kirkegulvet ved konfirmationen. Den anden af religionsundervisningens grundbøger, Birchs Bibelhistorie, var for smørrebrød at regne ved siden af Balle. Den gamle herre har øjensynlig kendt barnehjertet betydelig bedre end den sjællandske kirkeprimas fra paryktiden. Når de to bøger var læst og somme tider en salme af Thomas Kingo, så var der egentlig ikke mere. Vi havde som læsebog nogle smuldrende laser af Peter Hjorts Børneven. Det meste var dog bortflået, der var overhovedet ikke en bog i klassen, der ikke så ud, som om den havde været legetøj for tigre og rivendes ulve, men her i Børnevennen fandtes der et par sider om Christian den Fjerdes glorværdige gerninger på Trefoldigheden. Den historie havde vi jo alle læst så ofte under de 6 års skolegang, at vi kunne den udenad. Når degnen var i godt humør og ikke mere fuld end lige til, fortalte han med bogens egne ord samme historie for os undrende labaner. Men vi greb ham ordet ud af munden, så det tit blev som et væddemål om, hvem der kunne komme først til enden. Det var al den danmarkshistorie, jeg mindes at have hørt i min skole, mens Lund førte sceptret. Større metode var der ikke heller i de andre verdslige fag. Geografien indskrænkede sig til en pur opremsning af Europas vigtigste hovedstæder, måske dog med et mislykket forsøg på at finde samme på verdenskortet, hvad der var håbløst, da kortet altid var så laset og fuldt af huller, at man ikke kunne finde andet på det end mærket efter de blækflasker, som knægtene havde hevet i hovedet på hinanden i frikvarteret. Ungerne drev de utroligste kunster med den gamle afmægtige degn. Til at begynde med havde han båret sit værdighedstegn, tampen, i baglommen af sin sorte skødefrakke, men det var ikke sådan at få den stoppet ind, så ikke en ende af rebet hang og daskede udenfor. Når han så gik op ad midtergangen, skulle nok en eller anden væver hånd være parat til at nappe tampen og få den borteskamoteret, puttet i kakkelovnen eller på anden måde tilintetgjort. Når så den gamle kom i raseri over et eller andet og greb i baglommen efter sit våben og mærkede sig bestjålet, kendte hans vrede så lidt som vor skadefryd ingen grænser. Ja, det meste af skolens kløgt blev dagen lang og året om sat ind på at erobre degnens tamp. Når han sad på sin pult, kunne han bedre vogte sin skat. Så lå den ved hans højre hånd tværs over pulten let at gribe til, og sikkert tyve gange om dagen måtte den gamle ned fra sin forhøjning for at tærske et eller andet i lave. Han var en hidsig gammel rad, der hyppig slog i blinde. Hvad, der faldt på ryg eller skulder, var som hin sæd, der faldt på stengrund. Det regnede ingen for noget; først når han begyndte at svippe en med rebet om de ubeskyttede ører blev situationen farefuld, og somme tider gik han efter slagsbroderregler på med de bare næver; det var det værste. Jeg husker en af mine første skoledage, da han blev ved at tærske en dreng i ansigtet ved min side, så blodet fra drengens næse oversprøjtede hele bordet. Om den mishandlede stærke gut havde taget igen, kunne han have bukket begge ender sammen på den sanseløse vaklende olding. Prygl er jo altid et andet navn for afmagt. Lærer Lund kunne ingen disciplin holde i sin skole. Fly Skole var berygtet. Folk kunne dårlig nok færdes på landevejen der forbi uden at blive insulteret af uopdragne gavflabe. Efter frikvarteret kunne degnen hyppigt ikke få os ind igen. Det var til at græde over. Lund selv græd i hvert fald til tider over det. At se det gamle menneske i vild galop med tampen højt hævet over sit hoved fare omkring skolens hushjørner for at jage os ud af vore forskansninger og drive os ind af skoledøren hørte til byen Flys daglige fornøjelser. Til tider måtte han gå til en af nabogårdene og hente assistance. Først når sådan en før karl med en solid kørepisk i hånden viste sig i gårdsleddet, parat til at foretage et indhug, foretrak vi at overgive os på nåde og unåde og gå under åget, det vil sige skoledørens karm, og tage imod, hvad der ventede. Efter en sådan allemandsobsternasighed, hvor ikke en enkelt kunne udpeges som den skyldige, blev vi stillet i geled, hyppigt både drenge og piger, begyndelsen til en fælles aftampning. De større, der var ret barkede i huden af tidligere tamp, fandt, at det var farligt grin. De mindre rystede nok lidt i bukserne. Jeg mindes ikke, at jeg har fået tamp ved andre lejligheder end den slags fælles afstraffelser over en bank. Da den gamle degn såmænd dybest i sin sjæl var et skikkeligt skrog, som mere lod sig mishandle af de slemme drenge, end han strengt taget mishandlede dem, var det ham sikkert noget af en lidelse, at han her også skulle tampe sin yndlingsdreng, hvad jeg formodentlig nok var, da jeg i mange år sad øverst. Men i det gamle degnehjerte var der ingen plads for sentimentalitet. I en så højtidelig stund måtte jeg dele mine klin med de andre, og det gjorde jeg om end med et par nervøst brændende øjne. Da jeg stod øverst, begyndte eksekutionen med mig. Straffemåden var denne, at degnen med sin venstre hånd greb om vor højre hånds fingre i et kraftigt kryst og svippede tampen ned over håndbalde og håndled. 5 á 6 slag var normen, men var der en knægt, der skabte sig eller vrikkede med hånden, så at degnen måske kom til at svippe sig selv over fingrene, kunne slagenes antal fordobles og saltes i både ve og pine. Det var nu ikke så rart at stå øverst ved denne lejlighed. Retfærdigheden bød jo den gamle degn at lægge lige megen svie i til alle. Da vi ikke havde villet røbe hovedmændene for sammenrotningen, var vi jo alle lige skyldige og måtte derfor finde os i lige straf, men helt retfærdigt blev det nu ikke alligevel, for ved aftampningens begyndelse havde gamle Lund helt friske kræfter og morderlig oplagthed, men inden han kom til enden af sin bøddeltjeneste, var armens kraft for længst udladet, og de sidste påstod bagefter triumferende over for kammeraterne, at slagene ikke havde svedet det mindste.

Når gamle Lund var rigtig i sit es, havde han en bevægelse med tungen, som om han slikkede sig om munden, og under denne fælles aftampning morede han sig øjensynlig storartet, for den røde gammelmandstunge var intet øjeblik i hvile, men for omkring over overlæben og langt op over mundvigene som en spillende flamme. Det var en skændsel for de sammensvorne ved en sådan lejlighed at tude eller fælde tårer, men somme af de mindre og enkelte af tøsene kunne ikke tvinge deres natur, andre udstødte nogle skræksomme hyl, tit endda længe før turen var kommet til dem, alt sammen for at skabe stemning; sligt var fuldt tilladt, endda højt påskønnet fra kammeraternes side. - Men det er jo travrigt at skulle sige, at det eneste, jeg rigtig husker fra min 6årige skolegang under lærer Niels Lunds ægide, er pryglene. Det, jeg lærte hos ham, er gået mig komplet af minde, om jeg overhovedet lærte noget! Selv de almindeligste færdigheder, som f.eks. skrivning, måtte jeg lære om igen fra grunden af, da de skrifttyper, de gotiske bogstaver, hvis almagt herskede i min første skoletid, imod slutningen af skolegangen erstattedes af de latinske. Al den gamle degns metode eller mangel på metode, hele hans undervisningsplan i småt og stort, hans uhyggelige remsen, hans lasede vægkort, hans optælgede skoleborde, hans rustrøde, overspyttede kakkelovn, hans pjaltede og forrevne læsebøger uden hverken begyndelse eller ende, hans sure, stinkende træpibe, og sidst men ikke mindst hans opflossede og blodplettede tamp: alt rullede det under forhånelse i afgrunden, da den nye tid stod for døren med en ny og frisk mand, den 30årige lærer, Niels Jakobsen, fra Gjellerup ved Herning. Med ham løftes mit liv ind i en hel ny bane; men ham vil jeg gemme til et senere bind. - Det var sjældent, at denne skolehverdags blygrå overflade rifledes af en krusning eller ramtes af et solstrejf af nogen art. Selv de almindelige, årlige eksaminer, der overværedes af sognepræsten og et par bønder af sogneforstanderskabet, har ikke efterladt noget som helst minde i mit sind, men vagt lyser dog et besøg af den gamle, affældige biskop Laub fra Viborg, som formodentlig havde fået indberettet en slump om den gamle forfaldne degns magtesløse regimente og middelalderlige undervisning. Der stod jo dengang blandt bønderne i disse bortgemte egne en glorie om hovedet af gejstligheden, som nu ikke mere kendes. Uger i forvejen var der rundt om i hjemmene blevet snakket om dette forventede besøg i skolen og kirken af hans herlighed biskoppen. De gamle kunne ikke tage denne titel i munden uden en vis hellig skælven, kvinderne hviskede som i tilbedelse, så vi børn var godt præparerede, da den store stund oprandt, og vi sad som høns på vore pinde i det fineste puds, vore forældre havde kunnet præstere. Dage i forvejen havde den gamle, forvirrede lærer indprentet os indtil de mindste enkeltheder, hvorledes vi havde at opføre og forholde os. Det samme gentog han, og næsten med de samme ord, hver dag, mens hans stemme bævede for den stund, til hvilken han måske med rette så hen til som dommens dag. Så kom den lyse forårsmorgen, da vi vidste, at nu var stunden nær, da hans hellighed måtte stige ned til os fra sine himle. Der var ingen, der skulle sige nogen af os på, at vi den dag havde foretaget os det mindste utilbørlige. Selv når degnen var ude af stuen, hvad han det meste af tiden var, meddelte vi os kun til vor sidemand i en løndomsfuld hvisken. Endnu engang åbnede døren sig bag den gamle degn, som var klædt på i sin sirligste, sorte skødefrakke, og han kunne i dag over for den strengeste dommer med glans have gennemgået spiritusprøven. "Om et øjeblik, børn, så er han her, lad os nu se, I husker, hvad jeg har sagt jer." Derpå tumlede han igen tilbage gennem døren. Kort efter holdt en gammel, rummelig landauer med hvide heste for skoledøren. De, der sad nærmest vinduerne, skottede bare over skuldrene; en enkelt nysgerrig, der forsøgte at klavre op på bænken, blev med tunge næveknusk banket i lave igen. Og så gik døren op! Og noget utroligt vissent og hvidt viste sig på tærskelen, det hvideste nationalliberale ansigt, og en lav og stille mand skred som et åndesyn eller et godmodigt spøgelse hen over de knastrede gulvbrædder. Vi var skudt til vejrs fra vore pladser som pinde; alle munde stod vidt åbne sammen med øjnene, mens der kom en vissen lyd fra katederet: "Sæt jer kun ned, børn." Hvad der mere hændte, om der overhovedet hændte nogen verdens ting, uden dette at en af ærkeenglene som i et syn havde vist sig for os, det mindes jeg nu ikke mere. Den gamle degns færden havde fået en sær behersket ro, som gav han sig sin skæbne i vold; også i hans øjne var bispen jo en lille Vorherre, der bestemte over hans liv og død, og dette besøg blev jo nok under de stilfuldeste former en pind til den gamle pædagogs ligkiste. Det vil her sige hans længe ventede afsked fra embedet.

Ude at tjene

Efterhånden som børneflokken steg derhjemme, var det svært nok at rumme dem alle, især kunne det knibe at have dem omkring nederbordenden af det favnelange, gamle, knastrede langbord. Det var heller ikke altid så let en sag at skaffe så meget i fadene, at alle de forslugne munde hver dag kunne mættes. Jeg vil dog ikke sige, at vi børn derhjemme nogen sinde savnede det nødvendigste. Men der var aftener, hvor jeg, efter at alle de øvrige var gået til sengs, stod op for ved månelyset at liste mig til at hugge en endskal tørt brød i bordskuffen, hvor levningerne fra måltiderne blev strøget ned. Når det hændte engang imellem, skete det dog mere på grund af min kræsenhed end af virkelig nød og trang. Jeg havde fået et horn i siden på den sorte grødgryde, der kom ind på bordet hver aften fuld af hangrød. Så var jeg somme tider til mors forundring ikke spor sulten, men som sagt, hen på natten mærkede jeg jo nok, at jeg kunne trænge til en bitte bid, og så gnaskede jeg en tør endskal, der ellers var tiltænkt næste morgens skoldmælksfad. Vi knægte var overhovedet ikke rugbrødsforagtere. Smørret, vi fik, blev skrabet så kraftigt hen over sit underlag, at det til sidst var mere krumme end smør, mor havde på kniven. Det var utroligt, hvordan sådan en klat smør kunne strække til. I min første barndom fik vi overhovedet kun smør på skolemaden. Fårehyrdens mellemmad bestod af liflig grovbrød, en hjumpling hjemmekrystet ost eller, når det kom højt, en ende flyvepølse. Æg vankede kun på fødselsdage, eller når man kom hjem fra marken med et nyfødt ålam, for et vædderlam indbragte én kun hån, det krævede ingen opmuntring. - Som sagt vi var blevet mange derhjemme, og efter megen snakken frem og tilbage i familiealkoven blev det bestemt, at en af knægtene skulle til foråret ud at tjene, og som det nu var, traf loddet mig. Min fremtidige husbond blev en større gårdmand i Fly, Frederik Olsen med sin skrappe kone Anna. Jeg har endnu i min besiddelse det blåmalede hyrdeskrin, som mor og jeg bar imellem os til mit nye hjem. Store sager var der ikke i det lille skrin, et par strømper og et par ekstra benklæder; et lille kræmmerhus med en halv snes rosiner og en knald brun sukker fandt jeg i en læddike i skrinet, da mor havde sagt mig sit farvel. I min roman "Vredens Børn" har jeg bredt og vidtløftig fortalt en tjenestedrengs levned og tusinde tilskikkelser. Noget af alt dette er mig selv, andet ikke, men ting som jeg har hørt og fået fortalt af lidelsesfæller, der var endnu hårdere prøvet i livets skole end jeg. Frederik Olsen og hans kone var gennemgående som bønder var flest, gennembrave og arbejdsivrige indtil overdrivelse, forhærdede egoister, der fattedes ethvert begreb om, at man ikke kan kræve det samme arbejde af et tiårs barn som af et voksent menneske. Men der er meget lidt grund til at sætte dem i gabestokken frem for alle andre, for tjenestedrengen var ikke blot der, men overalt en retsløs og en næsten til det forbryderiske misbrugt lille person. Det var en overordentlig vidtløftig gård, jeg var kommet til, med grænseløst, vidtspredte jordstykker, hvis flokke af kreaturer, får, køer, stude og kalve var lagt ind under mit scepter næsten uden undtagelse. Vel var jeg vant til adskilligt i retning af vidtstrakthed hjemmefra, men der var vi en hel flok søskende om at udrette, hvad jeg nu måtte ordne helt alene. Når jeg nu tænker tilbage, må jeg undre mig over alt det, der virkelig kunne bydes og kræves af et ukonfirmeret barn. Jeg måtte op med alle de voksne kl. halv fem om morgenen. Det var husbonden selv, der kaldte, og hans stemme tålte ingen dvælen i dynerne, og klokken kunne blive både 10 og 11 om aftenen, før jeg dødtræt fik lov til at krybe i seng igen. De voksne fik dog midt på dagen, når solen stegte, en times middagshvil; jeg aldrig,

for den tid, de andre hvilede, skulle jeg ud på de tørre
sandmarker, hvor fårene stod og gispede og hjælpe dem
til vand. Jeg måtte slæbe med genstridige kalve, hvis
blødagtige kæber ømmede sig under de uvante reb, ende-
løse veje gennem sand og hede til løsgang i fjerne kær,
når morgenen gryede, og atter fange dem ind under aften-
røden og slæbe dem samme vej tilbage. Og det hver ene-
ste dag, søgn og hellig. Der var for en hyrdedreng over-
hovedet ingen forskel på søndag og hverdag, altid var
man i strakt løb fra den ene markende til den anden med
den tunge tøjrekølle svajende på ens skulder. Altid i rend,
altid i sved, så man dampede, og de små ribben gled op og
ned under vesten og den af sved gennemvædede skjorte.
Endda var det ikke nær altid, at man kunne tilfredsstille
ens urimelige husbonds indfald, især var Anna meget
fordrende. Med de skarpe glippende øjne og den arbejds-
rynkede hånd skyggende lagt over brynet kunne hun fra
hushjørnet overspejde hele sit rige og alle sine undersåt-
ters mindste bevægelse eller måske bedre mangel på be-
vægelse. Det mindste hvil en solhed dag kunne afsted-
komme de strengeste irettesættelser. Jeg har aldrig kendt
en kvinde, der på kort tid kunne få sagt så meget ubehage-
ligt som Anna. Det var en mund som en peberkværn, hvor
ordene sanseløst triller af sted hulter til bulter, det ene
over det andet, en strøm der synes aldrig at skulle få ende.
Det var ikke hensigten med denne ordstrøm, at man skulle
forstå ordene, så meget som man skulle forstå meningen,
og meningen tog i hvert fald ikke jeg fejl af. Jeg husker
især en søndag formiddag, jeg havde været nede i det
fjerne Narkjær med studekalvene, og skulle nu i ilmarch
være hjemme og trække køerne hjem til malkning. Nu var
det den tid på året, da de saftige sortebær eller revlinger
begyndte at modnes, og jeg havde et øjeblik ladet mig
friste til at smide mig på knæ ved en sådan busk og tage
for mig af retterne. Det var for min gane en himmerigs-

mundfuld. Når jeg siden har forsøgt at delikatere mig med dem, syntes jeg jo nok, at det var noget af det fadeste, man kan tygge på. De ligner nærmest tørrede fåreknevler, og er så at sige uden både saft og sødme, men anderledes da man var en lille forbjesselt hjorddreng, der havde adgang til så få af livets goder. Nu er sortebærret en ganske forræderisk frugt, hvoraf man ikke kan tygge selv en lille håndfuld, før man får læber som en neger, og den sværte er det omtrent umuligt at tørre af. Først ved et vandtrug viger den lumske sminke, og jeg havde haft alt for travlt til at tænke på sligt. Jeg kom hjem med køerne et godt stykke efter den lovbefalede tid. Anna havde næppe set mig i porten med det vældige kokobbel i mine hæle, før hun slog skændekværnen i gang, så det skraldede i mine ører. Allerede fra hendes stade ved bryggersdøren så hendes høgeøjne den forræderiske sminke omkring mine læber. Af kværnens indhold af spydige gloser kunne jeg snart både stave og lægge sammen, at uvejret var lige over byen: "Vil du kom hen til mig, Jepp', så a ka fo i di ører," men det ville jeg meget nødig, og nu gjorde Anna et større udfald over brostenene. Jeg så ingen anden udvej end at slippe fra køerne og søge dækning bag gårdens store mødding, men så snart køerne mærkede, at de var befriet for mit myndige greb i tøjret, for de som sanseløse af sted over gårdspladsen henimod vandtruget, hvor der kun var plads til 3 - 4 ad gangen, men da de var lige tørstige alle sammen, ragede de 15 - 20 køer sig i en sanseløs kamp for at komme til vand alle på én gang. De fløj for strammede reb til alle sider af den frønnede brøndramme, der stod som et skrøbeligt værn om gårdens eneste uhyggelig dybe brønd. I en håndevending kunne det halve kobbel risikere i et eneste plump at forsvinde i denne brønd, hvis rammen reves fra sin plads. Anna, der udmærket så faren, havde slået kværnen fra og var blevet bleg af spænding og fortvivlelse. Det endte naturligvis med, at hun måtte bede mig om godt vejr. Kunne jeg redde situationen, skulle der ikke times mig noget. - Frederik Olsen selv var på mange måder en modsætning til sin viv. Han brugte sjældent mund, men krævede derfor ikke mindre af sin hyrdedreng. Han har aldrig lindret mig det mindste af mit endeløse slæb eller røbet med en mine, at det var for meget, jeg udrettede. Når aftenen kom på, og de voksne karle efter aftensmaden skulle ud at skære hakkelse, måtte jeg med, ikke for at trække i stangen, det var de jo nok om i forvejen, og Frederik selv trak med sin ene, stærke højrehånd (den venstre var lam efter et fald) lige så meget som tre andre, men jeg usselige purk, der så gerne ville blive inde i stuen for at kigge i en bog eller måske en avis, måtte stå timelænge og holde lygten op over mit hoved, hvor den ville have lyst meget bedre for de arbejdende, om den var blevet hængt på et søm, men den lille fritid kunne min husbond ikke unde mig. Men egentlig klø fik jeg meget sjældent, og Anna kunne endda være i det humør, at hun kunne række en sukkermelmad til mig gennem bryggersets halvdør.

Det sværeste, der blev mig budt i denne tjeneste, var mit arbejde ved en mekanisk smørkærne, der var installeret i gårdens mælkekammer, og som dreves rundt ved et stort svinghjul, som jeg purk skulle holde i en stadig roterende bevægelse. De to trælkvinder, der skiftedes til at dreje grottekværnen i det gamle oldtidssagn, kan ikke have haft det strengere end jeg ved denne djævelske indretning. Den var omtrent af voksen mands højde, jeg måtte stå på en skammel for overhovedet at kunne nå håndsvinget, der skulle føres rundt uafladeligt uden ophør for at piske smørret frem. Når jeg havde gjort en halv snes omdrejninger, drev min skjorte af sved.

Om jeg standsede et øjeblik for at puste eller tørre den nedløbende sved bort fra brynene, var Anna straks over mig; det gik jo ikke an at standse midt i arbejdet, så blev fløden kold og kærningen mislykkedes. Jeg græd i smug de afmægtigste tårer, men her hjalp ingen kære mor, arbejdet måtte føres til ende, og det kunne somme tider vare timelænge, før smørret viste sig, og jeg kunne få min afsked.

Dette gentog sig omtrent daglig. Der er aldrig blevet budt mig strengere arbejde; det sortnede for mine øjne, og mine lunger gik som en blæsebælg; men jeg ville ikke give mig, selv om det knagede i mine sideben.

Man vil forstå, at jeg var glad, da sommertjenesten var til ende, og jeg atter vendte tilbage til mit hjem i Aakjær med 18 blanke kroner i min fregnede hånd som udbyttet af al min salte sved. Det var mig en bitter skuffelse, at far, da jeg kom hjem, tog alle de 18 kroner og bare gav mig en eneste tilbage igen. Jeg gjorde mig vistnok adskillige tanker, da jeg stod med denne ene krone i hånden som eneste vederlag for tre fjerdingårs endeløse slid blandt fremmede. Min far havde jo så mange munde at sørge for, og snart skulle der jo også tænkes på min konfirmationstrøje eller endnu mere pågående fornødenheder, og min far var vel i denne sag, som forældre dengang i almindelighed var.

Kirken

Noget egentligt religiøst liv var der ikke på min hjemegn. Det er der jo aldrig, hvor bare højkirken hersker. Der skal åbne vande til at give bevægelse og strøm, men højkirken kender kun til en ensartet glat og frossen overflade. I min hjemegn var der endnu intet, der krusede denne overflade. Man gik til kirke om søndagen og kom hjem igen og begyndte den grå hverdag mandag morgen, som om intet var hændt, for der var jo ikke hændt noget. Der er aldrig hændt noget i Fly Kirke, hvor højkirkens allermest talentløse halvbegavelser til enhver tid har ført ordet. Men udenfor blandt den trofast slidende befolkning dannede der sig dog til tider en lille våge i isen, små sekteriske forsamlinger, hvor et par knudrede bondenæver foldede sig i en personlig bekendelse under det lave loft. Indre Missionen sendte somme tider en strejfer ind over sognet, der fik adgang til et enkelt hjem, hvor begyndelsen lagdes til en lille menighed for De Sidste Dages Hellige. Det er en religiøs retning, der forstår agitationens kunst. Den opgiver aldrig en chance. Den har det ligesom sin antipode, fanden, som den så gerne fører i munden, at hvor man rækker den om bare en lillefinger, tager den inden længe hånden lige til albuen. Sådan begyndte Missionen over hele landet, sådan begyndte den i mit sogn med at sende os en eneste apostel, en meget usoigneret vadmelstype, missionær Lars Hansen fra Snejbjerg, der gled ad ensporvejene i transmurte fedtlæderstøvler og med lodden kabuds på hovedet og frembar det nye vækkelsesevangelium og bønnen om de dyrekøbtes omvendelse til salighed på et ufordærvet vadmelsjysk og med en solid udrydningsskrå i munden. Missionen var kommet ind, og man fik den aldrig ud mere. - En sekt, som jeg også svagt mindes fra min tidligste barndom, var mormonerne. Det var folk af en anderledes støbning end Indremissionens groft skårne aftægtsmandstype. Den mormonske agitator har jo altid haft skyld for at være noget af en Don Juan. Med rette eller urette så lå der en atmosfære af forføreren om ham. Kvinderne følte det og snakkede indbyrdes løndomsfuldt om, at der var kommet en mormonsk agitator til sognet. De skulle da nok holde sig fra hans møder, men når mørkningen kom, listede ens tjenestepige af alligevel, for dette her var alt for spændende, og det kunne da heller ikke gøre noget at se ham, for det skulle nok være "så møj en kjønne kål"! Og den belevne agitator med det distingverede verdensmandsmæssige ydre og den rigelige brug af skrappe skriftsteder, som han kunne slå op i skriften og kapitelfæste sine udtalelser med i et eneste nu, fik ikke så ganske få konvertitter, mest ganske vist blandt den ugifte lavkaste, men dog også nu og da et par husmandsfolk; gårdfolk har jeg aldrig hørt om. De nye sandheder var altid først begyndt at gå op for konen, som så trak manden efter sig, indtil den forenede fanatisme en skøn dag satte dem ud for Utah og det nye Jerusalem. - Jeg kan godt huske en snevejrsdag derhjemme, da vi havde kartegilde, og huset var fuldt af glade kvindemennesker, unge og gamle, der sad i en rundkreds om uldposen og kartede og sladrede, så hele stuen skrattede af fryd og arbejdsglæde. Pludselig gik indgangsdøren op, og en yngre, næsten elegant herre med amerikanske farver i bindeslipset og sølvknappet stok og med aftrukket handske i hånden trådte over tærsklen. Et stærkt vindpust fra den åbne dør for ind over teglstensgulvet og fejede med de løse uldtotter omkring karternes ben. Den lille, arrige Dine vågnede op i kakkelovnskrogen. Med hjemmefødningens hele forbitrede energi gik den halsende frem imod globetrotteren, indtil mor med et dask af karten havde drevet den tilbage mod dens kurv. Sladderen, der havde gået så godt, formodentlig havde denne fremmedartede herre selv været dens genstand, standsede nu som ved et ryk. De unge piger så forlegne ned i deres karter, de ældre skævede usikre til hverandre, mor var den eneste, der så frit op. Denne reserverede, halvt fjendtlige modtagelse var den snedige agitator øjensynlig kendt med; den syntes ikke at afficere ham det ringeste. Med et smil, som når ræven kommer ind i hønsegården og finder alle beboerne hjemme, lagde han sirligt sin afstrøgne hat på langbordet. Handskerne og det mangefarvede silketørklæde anbragte han inden i hatten. Under disse tavse bevægelser, med hvilke han ikke havde hast, begyndte han at udfolde sig. Han skred som en klog general gradvis til værks, begyndte med at give undskyldning for, at han som en ganske fremmed og dem helt ukendt person var trængt ind i deres fredelige idyl. Så fortalte han med mange omstændigheder og med rigelig anvendelse af "well" og "allright", hvorledes han var kommet her til landet. Han havde tilbragt adskillige år "in the far west", men de måtte da ikke tro andet, end at han var født i Danmark og elskede dansk og alt, hvad der var dansk, og han havde da både mor og bedstemor, der endnu levede, Gud være lovet! Og det vidste de som kvinder da nok, hvor meget en mor og en gammel, rynket bedstemor kan kalde og drage i den, hvis lod det er blevet at måtte bo i fremmed land.

Nu havde han alle kvinderne, det kunne mor rigtignok godt forstå, at han havde noget at komme hjem efter, når både hans mor og bedstemor sad derhjemme og længtes. "Men Herregud, hvi er I da taget så langt hen fra Dje muer. Kunne der ikke nok blive en plads til Dem herhjemme sammen med andre skikkelige folk?" Nu havde missionæren fået sine tilhørere der hen, hvor han ville have dem, og med indsmigrende svada fortalte han om sin religiøse vækkelse, og hvordan en måtte følge sit hjerte, følge sandhedskaldet i ens eget bryst. Han udfoldede en veltalenhed, der aldrig snublede, svøbte dem ind i sin belevenheds besnærende væv. Det hele så selvfølgeligt, så stille, så smilende, næsten varmt. Nu og da med et funklende øjekast hen over flokken, så at de yngste så op og rødmede, så igen, til mors fortsatte indvendinger, med godlidende skuldertræk en venlig retledning om det pågældende skriftords rette tydning og forståelse. Da han efter et par timers forløb forlod mit hjem med en forsikring om, at han var vis på, at han ville se dem igen ved sit møde i morgen, var der ingen, der nænnede en protest, så kunne de endda gøre, hvad de selv ville.

Den religiøse bevægelse, som i halvfjerdserne satte de dybeste spor, går tilbage til bornholmerpræsten Trandberg, der i sin forkyndelse var beslægtet med de såkaldte dømmere, der altid førte helvede og djævelen i munden. Jeg var fra min tidligste barndom opdraget til at se en ikke ringere realitet i djævelen end i Vorherre. For min barnlige og enfoldige fantasi tog det sig endda også ud, som om djævelen var langt den stærkeste af de to. Hvor meget end den officielle kristendoms kundskab søgte at afkræfte denne barnlige opfattelse, syntes især den påvirkning, der udgik fra bedstefar og hans risdynge, at slå fast som en uomstødelig sag, at hvis ikke vi passede på som en smed, kunne djævelen, fanden, den slemme, den lede eller hvilke kælenavne, de nu serverede ham med, rive os til sig som en skovisk, hvad øjeblik det skulle være. Man måtte evig gardere sig imod ham med skrækkelige bønner af "Den bedendes Kjæde", med kors, med trosbekendelse, med "hjertesuk" og Fadervor; dette alt sammen at slide på til daglig brug som hverdagens solide vadmel, og om søndagen en lang prædiken af Jesper Brockmands postil eller for de rigtig omvendte og vaskeægte hellige en to timers dito af Ludvig Harms, den tyske bodsprædikant, som i mit hjem var den sømmelige søndagsadspredelse. Alt i ens omgivelser bestyrkede én i, at ikke blot djævelen var til, men at han uden ophør stod en efter livet. - I vort nabolag derhjemme boede den gamle husmand Iver Larsen, det braveste gamle menneske, der hyppigt kom ned over bakkerne og med krum ryg og rindende øjne satte sig betænksomt ved vor bordskive og fortalte troværdigt, stille og farverigt om sine religiøse anfægtelser og sin til tider næsten korporlige kamp med Satan. Jeg var kun en lille dreng, da han en morgen trådte ind i vor stue og satte sig tungt om i bænkkrogen, før han med sænket hoved begyndte at udmale en drøm, som han havde haft denne nat, og som fyldte hans overtroiske sjæl med en blanding af håb og rædsel. Denne fortælling, som jeg skal prøve at gengive, ihvorvel en del detaljer er gået mig af minde, lå længe som en ulmende glød i mit barnesind og betændte min fantasi og gjorde min glæde ved livet utryg og virrende. Iver fortalte omtrent således: "Jeg syntes, at jeg var kommet ud på en rejse, og hvad den rejse gik ud på, har jeg ikke fået klarhed over; men jeg pamprede frem ad vejen med kæppen i min hånd, godt tilfreds i alle måder og syntes da, at livet var så dejligt! Men som jeg går sådan i mine egne glade tanker, så hører vejen op, men jeg vender ikke derfor om, men bliver ved at gå fremad, indtil jeg på en gang står ved da så møj en rivendes flod. Men jeg kunne ikke få mig selv til at gå tilbage. Jeg tænkte ved mig selv: Hvordan skal du arme synder endda komme over den flod. Skummet det brusede, og bølgerne de pilede af sted mere rask, end en hest kan rende. Men jeg kunne ikke lade være, jeg måtte prøve på at komme over det vilde vand. Jeg trak mine bukser op, så langt jeg kunne få dem, og begyndte at gå ud i strømmen. Men føj, hvor var det endda koldt, men jeg kunne ikke få mig selv til at vende om, det var, som havde jeg en fork i nakken, og vandet steg langt over mine knæ. Det nåede mig til skrævet, til bæltestedet, omsider til halsen, og de vilde bølger løftede allerede mine fødder fra bunden. Jeg tænkte: Nu drukner du da, du ser aldrig din kone eller dine børn mere, og eftersom jeg vadede i floden, var det, som om dagens lys forsvandt, og nattens mørke sænkede sig over det skummende vand. Men ligesom jeg er ved at synke ned under "lot låg", så er det som mine øjne rammes af et rødt lys; en vældig skikkelse på en ravnsort hest kommer travende langs ad strømmen. Ligesom jeg skal til at synke, griber han mig i mit hår og slænger mig op på sadlen bag ved sig. Min eneste tanke nu var den: Det er Satan, som du er kommet op at ride med! Så mistede jeg bevidstheden, og hvad der nu er sket i mellemtiden, det ved jeg ikke, før jeg vågner op på en grøn eng. Jeg gned mine øjne og gik fremad igen på må og få. Men det var da den særeste eng, jeg nogen tid har set. Der gik en hel del kreaturer, og de var hver og en kulsorte, og der stod en hel masse høstakke, og de var også kulsorte. Jeg gik hen og trak lidt hø ud af en af dem, det var svedent, der havde været ild i det, og jeg blev da ret så sær skidt tilpas og vidste aldrig, hvad jeg skulle gøre for at komme bort fra denne grimme eng. Jeg gik fremad, så godt jeg kunne, men som jeg går allerbedst, så står jeg atter foran den vilde flod, som jeg havde været ved en gang før. Jeg tænkte ved mig selv: Går du nu ud i den flod, så har du igen Satan over dig. Og jeg gør et hurtigt ryk tilbage, men så er det, som jeg lige med et falder i et dybt hul. Jeg falder og falder, men når ingen bund. Så mister jeg også dér bevidstheden, og da jeg vågner op, er jeg i en stor, firkantet sal, sådan en slags storstue, vil jeg kalde det for, og der står en mand i hvert hjørne af den stue, og jeg går hen til den her mand, om han da ikke er så god at sige mig, hvor jeg er henne, og hvad det da er for en underlig stue, jeg sølle menneske er kommet ind i. Men han stod bare og flirede og ville ikke sige mig et eneste ord. Jeg går hen til ham, der står i den anden krog, og kommer med den samme bøn, om han da ikke kunne hjælpe mig til en bitte krumme klaring, så at jeg kan få at vide, hvor jeg er henne. Nej, det var til én hånd, han stod også og flirede af mig lige ret op og ned, uden at jeg kunne få et ord ud af ham. Nå, hvad kan det hjælpe, tænkte jeg så, te du går til de andre to, de behandler dig naturligvis på samme måde. Omsider fandt jeg da ud og begyndte igen at pampre af sted, og for tredje gang står jeg da ved den vilde flod, og trods min angst kunne jeg ikke betvinge min lyst til at vade ud i den. Jeg ser allerede det forfærdelige røde lys på det mørke vand omkring mig og hører ligesom den sorte hests galop henimod mig. Da skreg jeg op mod himlen i mit hjertes angst: "Åh, hjælp mig, Gud, min Fader, for Jesu Kristi skyld!" Aldrig så snart havde jeg udråbt de ord, før rummet omkring mig fyldtes af det skønneste lys, og fra modsat kant som Satan kom en høj rytter på en kridhvid hest, og før jeg selv vidste deraf at sige, sad jeg på sadlen bagved ham. I det samme susede Satan forbi med et rasende hyl, men han var kommet for sent, goten kål; nu kunne han tage æ bag! - I det samme vågnede jeg svedende i min seng!"

Man vil forstå, at hvor sindene levede og åndede i fantasier som disse, var der en ypperlig sædemark for Missionen eller andre sekters dæmonologi. Selv levede jeg i bestandig angst for den onde og det onde. I djævelen har Missionen og dens afskygninger altid haft deres kraftigste forbundsfælle, og en af retningens mest udprægede pionerer var ovennævnte pastor Trandberg, der forlod sin fjerne klippeø Bornholm, blandt andet for at vi også i Fly Sogn skulle få del i nåden. Jeg havde hidtil aldrig fået lov til at tage med mine forældre i kirke. Det var endnu ikke anset for korrekt at tage børn med til det sted før deres konfirmation. Men hvordan det nu er gået til, en dag i slutningen af halvfjerdserne, da den skrappe præst havde stævnet sine troende sammen til en bodsprædiken i Fly Kirke, var jeg sluppet med og sad i en krog ved væggen med mine forfærdede øjne og hørte på, hvor grusom ilde det stod til med denne verden. Jeg så op på dommedagspræsten, en herkulisk skikkelse med lange, strenge ansigtstræk, med stærke, runde briller og et sort, stridt hår, der steg til vejrs som en galts børster. Når han kom i ekstase, skød han skuldrene op i et sæt, som når en mand skubber en sæk kartofler højere op på skulderen. Hans bornholmske accent var nok til at forlene ham med et vist fremmedartet præg, og hans stemmes rullen over hårde konsonanter gav hans ord klang og tilforladelighed. Han talte om synd og atter synd, så kvindernes lommetørklæder blev pjaskvåde; men først, da han gik over til en detaljeret beskrivelse af de fordømtes miserable beboelsesforhold i underverdenen, mærkede han, at det rigtig bed. Jeg så mig ængstelig om og tænkte så småt på, om det ikke skulle være muligt at komme ud, før forholdene udviklede sig til det endnu værre. Men jeg var kommet helt ind til væggen mellem 4-5 ældre mænd, her var ingen mulighed for flugt, jeg måtte høre den frygtelige prædiken til ende. Han skildrede ringmuren omkring helvede, hvor de fordømte sad i deres flammer; med sin knyttede næve slog han på kirkemuren, mens han råbte, at tykkere endnu var helvedes mure! Jeg stak i at tude, ikke så meget over prædikenen som dette, at jeg intetanende havde ladet mig lokke med til dette her og ikke kunne slippe ud igen. Min lidt for larmende gråd indbragte mig et meget misbilligende blik fra mændene, der sad i samme stol. Den nærmeste tog mig hårdt i armen og sagde: "Sid stille, min far!" men dette bragte mig til at hulke endnu højere, og jeg råbte flæbende: "A skal ud!" De nærmeste så uforstående på mig. "Jo, a skal ud!" Så forstod de, og ikke så lidt skamfuld, men alligevel befriet, kom jeg ud af kirken. Det er ikke meget, jeg er kommet der siden.

Mit første møde med verset

Selv om mor var en meget alvorlig kone, tog hun mig som bitte næsten hver aften op på sit knæ og sang alle sine børnevers for mig; jeg trættedes aldrig af gentagelsen. Det var disse vers' særkende, at de havde meget iørefaldende rytmer og rim. Der er for mig ikke tvivl om, at disse simple vers med deres let forståelige indhold og smældende rimglæde har haft stor indflydelse på min senere kærlighed til verset.

Jeg anfører et par eksempler:

> Draw
> i saw
> i flowten daw
> a skor tørr for Pejr i skaw.
> Fir skjelling om æ daw
> og en gued kand øl om æ awten.

Mens mor messede disse rim, havde hun med sin højre hånd fat i min venstre og førte den frem og tilbage med rytmiske stød, som når to trækker i saven sammen.

Et andet rim havde dette ubegribelige indhold eller komplette mangel af indhold:

> Obbele,
> dobbele,
> dump i vi.
> Hjølsen,
> pølsen,
> soffel i ti;
> ekkede,

frekkede,
kongens knap,
ivvede,
bivvede.
buf!

Med sidste ord fik man af mors pegefinger et diklende stød i hjertekulen, så latteren skvulpede ud over alle bredder.

Hvor frydede sig mit barneøre i disse frække rim, der spottede enhver tydning!

Derimod var der jo en letfattelig mening i dette vers:

Fimpe, fimpe, for-hål;
op ad bakker og nied ad dål,
det ska Pejrs røw betål'!

Samtidig red mors knæ galop med én lige til grænsen af det forvovne. - Et yndet rim var også dette:

En stro i en glas -
det sejer: Ras; -
en mus i en krus -
sejer Ras-mus;
en høn' på femten rødden æk,
det sejer: Rasmus Rødskjek.

Sådan sang mor for det barn, hun havde på skødet. Men ved rokken sang hun mest for sig selv. Hendes repertoire var ikke stort, men des mere afvejet efter hendes sinds grundstemning. Der var især to viser, som hun aldrig trættedes ved at gentage; den ene var H. C. Andersens: Det døende barn; den anden Fr. Paludan-Müllers barnlige kvad som 13årig ved sin elskede mors død:

Kjære moder, hvorfor sover du
på det kolde egebord så længe -

Begge disse lyriske kvad havde min mor hørt som ung
pige af visesangeren på Skive Marked. De rummede den
første lyriske sang, der tonede under mit barndomshjems
flueprikkede bjælker.

Jeg synger selv

I mine Forældres hjem hørte vi børn sjælden nogen råhed, hverken far eller mor tålte det af deres tyende eller
nogen anden. Men skolen var jo et allemandshus, hvor der
i frikvarteret hørtes mange pikante ting, og som tjenestedreng var jeg blandt det øvrige tyende blevet indviet i
adskilligt, som min barnealder burde have været skånet
for. Jeg var lærelysten og meget forslugen på læsning,
især alt, hvad der rimede, og endnu mere såfremt det rimede tillige kunne synges. Den tid var rigtig markedsvisernes tid, de kunne såmænd være stramme nok; men der
var endnu en art af viser, der ikke trykkedes, fordi det
ville være blevet belagt med bøde, men alligevel gled fra
den ene skidne hånd til den anden, indtil de også blev læst
af mig. Jeg syntes, de gik an, de rimede, og de havde tit en
morsom melodi, og jeg var en farlig karl til at synge lige
fra bitte. Sådan syntes da den kreds, hvori jeg færdedes.
Skulle noget for alvor skråles igennem, så blev jeg sat til
det, ganske solo, også mine strenge og prosaiske husbondsfolk i Fly fandt en glæde i at høre mig synge, når
karlene var kommet hjem med en rigtig god vise fra "Battemejmarked". Og jeg var ikke den mand, der gjorde sig
kostbar; jeg sang, så det klang, snart under bondens lave
loft, snart under Vorherres høje, duggede aftenhimmel,
når jeg trak hjem fra kær og mose med mine brogede,
storbugede okser. Det sted, hvor jeg sang mindst, var i mit
eget hjem, for der var man altid under censur. Der gik det
ikke an at komme med en vovet hentydning, så vidste mor
til stadighed, hvor hendes ris var; men naboerne, de havde
ingen moralsk anfægtelse, der kunne jeg godt synge de
obskøne sange, som lå trofast i min hukommelse, ja, det
var ligesom om de tog større bifald end de skikkelige
viser, og jeg satte da i med meget smæld, mens de voksne

sad omkring den grønne purk og lod deres grove latter runge. "Sådan var det!" sagde Chr. Melgaard, der sad midt i sin husstand og lyttede oprømt til en af mine allertarveligste viser, og jeg blev frækkere og frækkere i min sang. Jeg havde altid forråd nok i hukommelsen. Foruden hos Chr. Melgaard, der var en særlig ynder af mine toner, blev viserne også brugt i legestuer, hvor man dansede efter dem i mangel af spillemand. Liegstow kaldtes i min barndom egentlig kun den sammenskudsdans, som de største af skolebørnene fik lov til at arrangere engang under højvinteren; om jeg husker, faldt det sammen med fastelavn. Så blev en tre-fire drenge af de mest ansete "udtawn" til at steppe omkring i sognet for at opdrive et lokale, hvor dansen kunne afholdes. Jeg var nogle gange med i et sådant komplot og brugte flere aftener til at opnå det attråede. Der var ikke mange gårdmandsfolk, der ville have en sådan hurlumhej inden for deres døre, da det under alle omstændigheder var urolige gæster, der under sådanne forhold søgte til huse; de optrådte alt andet end skånsomt og hensynsfuldt mod møblerne og væggenes pudsning. Det skulle jo også gerne være et hjem, hvor der var fjælgulv i "dansesalen", ellers kunne der jo ikke komme det rette slag i frikadellen. Så det var alt andet end let, og vi stakkels forlystelsesråder, der havde fået lagt denne tunge opgave på vore skuldre, kom mangen en aften dødtrætte hjem uden noget resultat. Der var dog gerne et par børnevenner i sognet, der efter megen overtalelse lod sig blødgøre, så en dag kunne fastslås for den store begivenhed, som alle, både store og små, så hen til med ikke ringe spænding. (Se kapitlet i "Vredens Børn": Mors Støvler.) Det var ikke nær altid, at det lykkedes os at få fat i en spillemand. Han vidste jo nok, at der kun var lidt at tjene ved sådan nogle knægte, hvis eneste lommepenge bestod af, hvad de kunne tjene ved at handle med lammeskind eller snyde hinanden for i griffelhandel. I mit hjem samlede vi ben eller gamle pjalter, som fandtes på møddingen. Det ene som det andet gemtes hen i nogle hyggelige bunker, indtil pjaltekræmmeren kom og aftog varen, og vi fik en skilling på hånden, som der kunne blive god anvendelse for ved legestuen, hvor den omsattes i mjød og jødekager, det eneste, jeg ved, der trakteredes med ved disse legestuer. Kanske kan ens forældre også have udrustet en med en enlig 25 øre, som skulle gå til spillemanden, men langt hyppigere gik til mjødglasset. Samme mjød, der altid var hjemmebrygget, var for øvrigt en lumsk drik; et eneste glas var nok til at fortumle de små kyllingehoveder, de blev obsternasige og fik uhøviske tilbøjeligheder, så at husets vært måtte frem og hive dem ud af lokalet. Sådan husker jeg en "liegstow" hos Frederik Olsens i Fly, der hvor jeg kom til at tjene, hvor drengene, der havde stukket næserne for dybt i mjødglasset, under den vildeste kehraus (kædedans) sang med skingrende stemme en hyppig anvendt sjofel vise. Men det tålte den skrappe Anna ikke i sit hus! Hun stod med et i døren: "Vil I se, I knægte, at I kan holde op med at synge den grimme sang, ellers skal jeg sørge for, at I snart skal komme på døren." Så måtte fyrene til at bede om godt vejr og finde andre mere anstændige toner frem. Men som sagt, det var kun få, der havde Annas moralske betænkeligheder, så den obskøne vise blev som oftest sunget til ende uden modsigelse, ja hyppigt, når den lød fra mine barnelæber, endda lønnet med larmende bifald. Bøndernes egne drøje fortællinger kunne være fulde af de værste plumpheder, selv i kvinders, ja, hustrus og børns overværelse. Jeg må dog sige, at de bedste fortællere, jeg har kendt, var aldrig plumpe; Gammel Johannes, Iver Larsen, Frants Damgaard og Jens Daalum -, deres beretninger var fulde af malende enkeltheder, deres fremstillingsform kunne være djærv og stærk, men man tog dem aldrig i en

sjofelhed. De var "digtere", der kælede for sproget; de
slegede for det, men de voldtog det aldrig.

Læsning

Sådan en knægt i 10-12 års alderen er jo, hvis han er
normalt udrustet, hidsig på at læse. Jeg så mig altid for-
slugent om efter bøger, men det var dengang lettere at
finde brød i hundens leje end en verdslig bog i bondens
eje. Man kunne gå mil, inden man fandt en sådan bog, og
jeg ville da gerne være gået mange mil for at få lov til at
låne en ordentlig bog med hjem. Den fandtes bare ikke;
fromme bøger lå der på skumle hylder i alle huse, men
end ikke de var selvkøbte; det var noget, der var kommet
drattende tilfældigt ind i hjemmet, ingen vidste hvorledes;
de var gået i arv, var formentlig noget skrammel eller
affald fra et eller andet for længst opløst præstebo, som en
fjern slægtning havde fået i sækken sammen med andet
ragelse, når han havde været til auktion over "vor far". Jeg
har i disse optegnelser hyppigt nævnt "Den bedendes ån-
delige Kjæde", som var en af grundpillerne for datidsbon-
dens fromhedsliv. Men jeg har ikke truffet nogen udgave
af den, der var yngre end midten af det 18. århundrede.
Det var i mine øjne en væmmelig bog, som jeg gerne ville
have set mit snit til at putte i kakkelovnen, hvis jeg havde
turdet vove det, men bedstefar overvågede den med en
ømhed, der stod på højde med den, hvormed han behand-
lede sin skrådåse. Det var i mine øjne ikke nogen bog, så
lidt som Birchs Bibelhistorie eller Balles Lærebog. Det
var jo ikke bøger, men lektier, som man bare fik ris for!
Nej, så havde tjenestedrengen, Peter Rolighed, én, det
kunne man kalde en bog. Den handlede om konger og
prinsesser og en stor skatkiste i Ægyptens land. Det var
knap Peter ville betro den i mine hænder, så længe jeg
kunne vende et blad, endda den var alt andet end net på
bladene, det var synd at sige! Den bar mærke af mange
fingre, der var blevet vædet i munden, inden de havde

vendt bladet, men det var en stor skat i Peters og for øvrigt også i mine øjne. Jeg havde aldrig set mage til den, og jeg havde gerne givet ham tre lammeskind for den; men jeg kunne bide mig i næsen! Peter stak sin bog ind i sin fedtede trøjelomme og sprang stolt over kærene i bevidstheden om, at han ejede det, som ikke enhver hjorddreng kunne ræbe af. Vi har mange gange siddet på et dugget toftdige sammen, når Peter læste højt af sin skatkiste. Vi kunne den omsider begge udenad, men kunne dog ikke trættes ved at læse det alt sammen endnu engang. Så vidt jeg nu kan forstå, må det have været et par kapitler af den gamle græske historiker Herodot - det, der handler om Kambyses og den ægyptiske faraos', Rampsenits, datter - den var blevet trykt op som folkebog og nu havnet her fjernt fra oldtidens skønne Hellas i hænderne på et par vestjyske, fregnede og fantasilystne hyrdedrenge! - Iver Larsen, Gammel Ywer, som vi kaldte ham, vor nærmeste nabo mod syd, havde al sit liv gået omkring i en boghunger som jeg selv uden at bydes andet end det mugneste brød. Det var noget forfærdelig skrabsammen af bøger, der lå på Ywers hylde, men han sad med sin uudslukkelige forskertrang altid bøjet over disse bøger med ryggen i en bue og de røde øjne i vand, mens en hæslig tranlampe, der stank harsk gennem stuen som et ekskrement, kastede sit søvnige lys hen over de gulnede blade og fik Ywers gamle øjne til at rinde endnu saltere. Men jeg ville så meget gerne kigge med, kun kneb det for mig at tvinge min alle dage fine næse til at udholde stanken af Ywers lampe, og hvad der ellers lå og lumrede i stuen. Hvor var han en mærkelig gammel mand, samme Ywer, fuld af læsehunger og forskerglæde. Under andre kår var han blevet docent i eksegese eller professor i moralfilosofi! Nu blev han bare en ludfattig indsidder, der altid levede på randen af fattighjælpen. Men han var uudtømmelig og fuld af visdom om alt det, der overgik al forstand! - Langt ude ved horisonten på den anden side af åen boede Laust Murer. Han havde bøger, skal jeg love for, og det ikke bare fromme bøger, nej, mest historiebøger og virkelige romaner, der var skåret ud af "revuen", et karlekammerblad, der ikke havde så lidt udbredelse, og bundet ind i pap og de forkrænkelige rester af en gammel fåreskindstrøje, og det oven i købet af mureren selv. Men hvad kunne det hjælpe med alle de bøger så langt henne og med den rivende strøm, Karup Å, imellem! Der kunne man jo aldrig få sin gang, skønt det sagdes, at mureren var en flink mand til at låne ud af sine bøger, når han var vis på at få dem igen. (Se "Hvor der er gærende kræfter".) En gang eller to har jeg som halvvoksen stået i dette ellers så fattige hjem og gloet mine øjne store ved synet af den ubegribelige bogrigdom her i randen af en stor tørvemose. Men til noget egentlig sammenspil mellem Laust Murer og mig kom det aldrig på grund af afstanden. I selve Aakjær By fandtes der kun en eneste verdslig bog, ja, Gud ved, om der fandtes andre i det ganske sogn. For den bogs skyld kom jeg til at holde mere af det hjem end af de andre. Sådan en skøn søndag eftermiddag, når mine jævnaldrende spillede pind eller skorsten, legede so i bo eller "grobonnis" omkring husstolperne, sneg jeg mig ubemærket hjemmefra og gjorde visit i gården med bogen. Per Krænsen, gårdens ejer, var en firskåren nøgtern slider, der godt ville have en sludder med en opvakt dreng. Han gjorde ikke selv bogen nogen skade, havde vist aldrig læst en stavelse i den. Hvordan han var kommet i besiddelse af den, har jeg ingen rede på. Jeg førte altid talen hen på bogen, og Per Krænsen var ikke sen til at lægge den for næsen af mig, da han skønnede, jeg attråede den så heftigt. Det var såmænd 3. del af M. Matzens: Dansk Læsebog, en underlig labskovs af småpluk fra alverdens hjørner og kanter. Småbillinger af danmarkshistorien, folkesagn, æsopske fabler, Grimmske eventyr og dusinvis af moralske historier i bearbejdelse fra det tyske. Gud skal vide, at det var nogle tørre beskøjter, men de smagte en åndssulten drengs fantasi, som de mere eller mindre saftløse sortbær, jeg som hyrde plukkede op af hedens revlingebuske. Når tiden kom, jeg skulle tilbage til hjemmet for at give kalvene vand eller sætte studene til nat, og jeg med ikke ringe overvindelse lukkede bogen i, kunne Per Krænsen godt sidde i sin bænkkrog endnu og lade søndagshvilen falde på sine møre lemmer, mens han med forundring så på min fordybelse i bogen, der stod i en så mærkelig modsætning til hans egen lede ved læsning; så kunne han sige: "A kan ett forstå, Jepp', hvor dit hoved kan holde til det. Du er jo også god til at synge. Du skulle så misyw være degn." Når jeg gik og takkede geskæftig for lånet af bogen, sagde Per Krænsen i stolthed over sin skat: "Ja, det skal være en fåle god bog, a får nu aldrig læst `en. Men kom du kuns igen, min dreng, læs du bare i den, det du vil, det tager den ingen skade af!" Jeg havde ikke mod til at bede om at låne den med hjem, da Per Krænsen ikke selv tilbød det. Men jeg har tilbragt mange frydefulde søndage i den altid så rene, høje stue med egnens eneste verdslige bog på langbordet.

Karup Å og dens enge

Kun nogle få hundrede alen fra mit barndomshjem flød gennem de grønne enge Karup Å. Den var i min barndom meget fiskerig, og jeg blev en såre lidenskabelig fisker, en ren ridder af fiskestangen, der ingen solskinsdag forsømte, når det gik an, at aflægge åen et besøg.

Det var Gamle Johannes, denne ur-fisker, der næsten levede af, hvad han kunne indbringe med fiskestangen, som havde taget mig med de første gange og lært mig de småfif med hensyn til at få fisken til at bide, og også at finde dens legepladser.

Besynderlig nok var jeg den eneste dreng i hele Aakjær, der gav sig af med den sport; de andre forsøgte engang imellem, tog aldrig noget og opgav snart gentagelser, men jeg havde ligefrem et instinkt for faget. Jeg vidste på en prik, hvor jeg skulle søge fisken på de forskellige tider af døgnet, for fiskene skifter plads med solen, og de forskellige fiskearter skal søges højst forskellige steder, nogle på grundt og andre på dybt vand. Aborren står således udelukkende i de stille siger, men skallen og smelten træffes, hvor vandet er grundt.

Mit jagtrevir strakte sig kun fra Trånum skel mod syd til Flyndersøens udløb i åen mod nord, en lille mil, men i dette dejlige rullende og småklukkende vand var der næppe en kvadratalen, med hvis forborgenhed jeg ikke var fortrolig. Jeg fiskede helst under tordenblånen, når det var lummert i vejret; solskin kunne også bruges, regn og slud duede slet ikke. Men når mine forældre var gået hen at sove til middag, og alle forhindringer var ryddet til side, de bissende køer stod og sloges med fluerne i nødset, og ingen hindring var at øjne i de lurende gårdsledder, så fandt jeg min fiskestang og min lille fiskepose, og på mine hærdede nøgne fødder satte jeg i strakt løb over engene til åen. Den høje engsvingel nåede mig højt op på brystet og kildrede mig under hagen; humlebien, der arbejdede i kavelotten, ramtes af min fremadstormende storetå og tumlede rasende ud til siden.

Engbundens duftende grøde af kobjælder og rødkløver slog en paradisisk bølge op om min lille person, mens jeg stormede frem og ikke standsedes af de bredeste grøfter, og når så endelig åen var nået og lå som et henrivende og betagende tæppe af rullende fløjl og atlask foran mig, så bankede mit fyldte drengehjerte af en uforklarlig lykkefølelse - ja, disse timer med fiskestangen frem og tilbage langs den forunderlige strøm hører til de lykkeligste i mit liv. Det er ikke underligt, at denne å med sine dræende enge, sine storke og humlebier, sine pibende ryler eller plaskende oddere er kommet til at danne islætten i min bedste digtning.

Den eneste sport, jeg har lagt mig efter, var den at fiske. Jeg tror ikke heller, der kan tænkes en mere poetisk. Fiskeren er med en inderlighed, som ingen anden, optaget i naturens skød. Han færdes ensomt langs et fortryllende vand, der klukker sine sange op til ham.

Hans næse fyldes af tusinde uskyldige blomsters duft, hans skikkelse har den jomfrueligste jord under sine fødder, og de evig glidende sommerskyer over sit hoved.

Han bliver fortrolig med hele dyreriget, fra gedden, der står og lurer i flægene, til den syvfarvede skælbasse, der render over hans nøgne fod. Han er fjern fra gårdenes og menneskesamfundets kiv og spektakel, han er kort sagt så nær Guds rige, som et menneske kan komme.

Når jeg tænker på naturen og den lykke, den har bragt mig, må jeg altid i første linje tænke på min barndoms ensomme vandringer langs Karup Å, og endnu ville det være mig en glæde at tage fiskestangen på nakken og gå på fangst efter aborrer og skaller i de endnu ufordærvede enge, der i juni eller juli måned strækker sig på begge bredder af Karup Å.

Men det var Gamle Johannes, der havde lært mig sporten, ham nåede jeg aldrig i virtuositet, det er ham, jeg har tegnet som Fisketammes i "Når Bønder elsker".

Han kunne gøre fangst i al slags vejr. Jeg husker den første gang, jeg var med ham ude at fiske, han havde sine fiskepladser, "vejsten æ å", ovre på den anden bred, der kunne jeg ikke gøre mig håb om at komme, når ikke han var med, for her skulle der først vades over åen, og dertil var mine ben for korte, - men Johannes, den skælm, han kløv åen med bukserne på, mens han havde mig ridende på sin skulder. Det var utroligt spændende! Åen er her bred og strid som en flod, fra knæhøjde synker en voksen mand pludselig i til bæltestedet, bølgerne slår brede imod hans hofte, de truer med at løfte ham op og kaste ham omkuld, grødegræs og favnelange alger, som håret af en rasende troldkvinde, snor sig i slimede bugter omkring hans lår, - Gud i himlen, hvor var det spændende!

Oldingens ryg gik under mig i strid modstand, - mon han også klarer den? Åen steg højere og højere op, og jeg måtte stritte fødderne langt til vejrs, for ikke at få dem i vandet; og så svimmelheden i hjertekulen ved at se ned i det syngende, strømmende vand!

Men Johannes gik så sikkert som nogen Christoforus, han havde lagt bestikket ret nok ved overfartens begyndelse. Han sigtede et stykke imod syd for den stærke afdrifts skyld, og det hændte aldrig, at han tabte mig i åen, skønt bølgerne til tider steg til hans armhuler. Han skratlo ved min angst og satte mig i land ved den høje bred, hvor jeg sprang lykkelig som en puddelhund.

Nu begyndte fiskeriet. Den gamle knark agtede ikke de våde bukser det mindste, men gik drivende våd, time efter time, og lod klæderne tørre på kroppen, indtil han atter satte gennem åen på et nyt sted med mig og min fiskestang på ryggen. Men det var kun en enkelt gang, at jeg var i følge med Johannes, som oftest måtte jeg klare det uden ham, og endda gik det godt.

Der er en intim forbindelse mellem min digtning og Karup Å, ja, det er vel tvivlsomt, at jeg var blevet den digter, jeg er, hvis ikke jeg var blevet født på denne ås bredder. I hvert fald er det mig bevidst, at de dybeste glæder, jeg har haft, har jeg oplevet ved denne å og i dens enge.

Jeg havde kun interesse i de fisk, der kunne fiskes, og deres arter var snart talte. Der var først og fremmest skallen. - Mange har jo beskrevet himlens fugle, deres farve, deres flugt, deres sang. Men hvem har beskrevet, æstetisk, fiskestimerne i vore strømme? Og kan vel nogen skabning have skønnere farve end fisken, når den iagttages i sit eget element!

Lad os besøge Karup Å, sådan en højsommerdag, da lammeskyerne driver mageligt over en ren høj og blå sommerhimmel.

Da går åen så klukkende mildt under høje, dyndede brinker. Lægger man sig ned på sine knæ og ser ned i det halvlunkne, dovent rullende vand, så har man lige under sin næse, men under vandets overflade, nogle armtykke huller; hvis solen står på, og alt er, som det skal være, ser man i hvert af hullerne et børstet hoved, hvert med to kvarterlange følehorn, der fimrer op og ned. Det er krebsene, der står i deres udgangsdør og nyder tilværelsen som en krovært, der står og ryger sin pibe, mens han misser mod solen.

Hvis du venter lidt, kan du se krebsefar kravle helt frem af døren og gå på togt hen over den solede bund, idet han stadig vikser overskægget. Han måler bunden forsigtigt op, ligesom han søgte efter noget, han havde tabt, da han sidst var ude, men prøv at stikke en finger til ham, dvs. ikke til hans klo, for den kan bringe den stærkeste mand til at vræle, men til et af hans følehorn, så klapper han sig et par gange i enden, og pludselig er han i en høj bue rutsjet baglæns et par alen tilbage. Han er en snurrigfaks; han er nysgerrig og kommer nok igen, og så skal du være gesvindt og gribe ham lige midt om livet, - så har du ham! De svære kløer krabber omkring, langt ud til siderne, men han kan ikke få fat i din hånd, hvis du ikke er en klodrian. Han får øjne, der strutter om kap med følehornene, når han hales op af vandet; du lægger ham ned i græsset, men pas godt på ham, for skønt han tilsyneladende ser med bagen og altid går baglæns, vil han i løbet af et nu have fundet tilbage til åen.

I parringstiden har hunnen under bugen et utal af æg, og en sær snegl er krebsen, et helt utal af fødder, små og store, har den oppe og nede; man kan slet ikke forstå, hvad den bruger alt det til. Det minder en om en slags knive med et utal af blade og proptrækkere, pibekradsere og neglerensere, man kan slet ikke forstå, hvad mening Vorherre har haft med at forsyne det besynderlige dyr med et sådan utal af tilsyneladende overflødige apparater, små ben og store ben, og allerforrest et par sære skræddersakse, og så igen, hen omkring mulen, en håndfuld pibekradsere og tandstikkere, så man synes ligefrem, at dyret gør sig selv komisk ved al det unødvendige tøjeri, som det kravler baglæns afsted med, for ligesom at værge det imod en usynlig fjende.

Jeg var en stor krebsefisker i min barndom og er det den dag i dag, når jeg kan få min vom bragt til leje på en solet åbrink, og jeg kan have mit revir i fred, da det ikke kunne falde nogen almuemand ind at attrå så ækelt et dyr. Desuden skal den, der engang er blevet "knebet" af en velvoksen krebs, vel vogte sig for at komme dér mere. Krebsen skal helst tages med stor beregningskunst. Skyder man med hånden ned over den uden videre, rammer man næsten altid et kvarter bagved; det ligger i vandets brydninger, så det er det første, der må beregnes. Så må der tænkes på, at det er det eneste dyr, der går tilbage og ikke frem. Krebsefatter skal helst hugges i samme nu, som han forsigtigt vejrende med følehornene kravler ud af sin gangdør. Det gør han mærkværdigt nok ikke baglæns, men med øjnene på stilke til begge sider. Jeg forfærdede tit de andre drenge ved at føre min hånd i arms længde ind i hulen til ham og hale ham ud ved alle de mange pibekradsere. Krebsen blev øjensynlig så forskrækket, at den glemte at bruge saksene. Den dristige bliver jo altid belønnet, og jeg havde virkelig udviklet stor dristighed i retning af krebsefangst.

Hvis jeg havde god tid, så jeg kunne lege lidt med mit offer, lagde jeg mig først ned på knæene og talte hullerne, hvor dyrene sad. Enkelte sad og nød tilværelsen med snuden langt ud af døren, dem kunne man godt lade passe sig selv en tid, mens man undersøgte strømmen længere nede, thi det er den første hemmelighed ved krebsefangst, at man skal gå imod strømmen. Går man med strømmen, gør man vandet urent, dyret aner uråd og har allerede forladt hjemmet, når den fangende hånd er nået hen til hulen. Men hvor er det en spændende jagt at ligge og krybe med øjnene helt ned mod den solbeskinnede strøm og se det ene lange gammelmandsskæg vifte i vandet dernede ved siden af det andet, dyret sprælle og fægte håbløst med kløerne omkring sig, - kammeraterne, der står bagved og holder én krampagtigt i benene, for at man ikke skal dejse på hovedet i det dybe vand, skråler op og laver jubel, der giver ekko i ens eget bryst, hvor hjertet banker ved synet af den rige fangst.

Omsider har man fiskeposen fuld af de besynderlige kreaturer, der bestandig smasker med mundtøjet og længes efter vandet, men nu må tage til takke med en håndfuld grønt græs, fordi de nu engang skal have noget at sutte på.

Krebsen er alt for sjælden en skabning i vore ferske vande, dens velsmag, synes jeg, går langt over hummerens, men den ødelægges ved åernes oprydning, efter hvilke man somme tider kan se dens skaller ligge i skovlfuldvis på åbredden, til ødelæggelse for fiskeriet og til glæde for ingen. Når der var krebs i farvandet, så agtede jeg ikke andet fiskeri, men det er kun i enkelte høje og stejle brinker, hvor strømmen går stridt, at krebsen bryder sig om at bygge, som en slags digesvaler under vandet. Men skallen, den var næsten altid på færde, når bare himlen var kønt blå, så solen brændte dybt ned i vandet.

Skallen havde sine legepladser i de stride dele af strømløbet, der, hvor den favnelange alge, den, som vi drenge kaldte for grøde, bølgede op og ned på den varme strøm, som de slimede hår af en jættekvinde, eller som trengarnet i en kæmpevæv. Denne grøde var botanisk set mange ting, mest var det vistnok vandliljen, hvis favnelange stængler her og der bar de sirligste rosetter af hvide, sprøde blomster med et utal af støvdragere. Sådanne små vuggende blomsterøer stod der langvejs i strømgangen, og her skulle man søge skallen. Her kunne den i hundredtal bugte sig frem og tilbage i dette kæmpeakvarium med sin brune, kløftede hale og sine mange sirlige finner, der bevægede sig vellystigt op og ned under legen. Somme tider lagde skallen sig kælent om på siden, mens dens store koralrøde øje stirrede mod solen, da kom der op af dybet imod ens øje et skarpt glimt af det lødigste sølv, thi intet kan i hvidhed måles med skallens skæl, når den vender sin bedste side til midt i sit eget element. Sådan gik disse dyr i smukke, sirlige buer, der mindede om danse, omkring hinanden og omkring blomsterrabatterne i åen. Hvilken fredsæl følelse i sjælen at sidde på bredden og stirre ned i det klare vand, hvor disse dyr opførte deres lege, mens den blå himmel, med en eneste lammesky på, stod med sin vældige hvælving over engene og stilheden!

Skallen var åens proletar.

Den kom i store legende stimer og svansede med halen lige i overfladen, - det var ingen kunst at få den til at bide, for den var altid skrupsulten; dog ikke som smelten eller smerlingen, det var en ren slughals, med et gab så bredt som hele kroppen; den tog for fode, hvad man kastede imellem den, den kunne en rask dreng hale op i snesevis. Den var lille, men hvor den smagte, når den var kommet på stegepanden.

Smelten kunne ikke fordrage at være i nærheden af planter eller grøde, den skulle man træffe på de lavvandede sandbanker i åen, hvor solen kunne varme helt ned til bunden.

Hen over den mørke grund for den som lysende pileskud, det var, når den vendte siden op, for ryggen var mørk som underlaget, den legede på.

Som sagt, en farlig slughals til at bide på krogen, så den skulle man ikke gå i gang med, med mindre man havde rigelig orm i blikdåsen. Var man heldig, kunne man hive en snes stykker op, stående på samme plet, men så - pludseligt - uden mindste foranledning, var flokken forsvundet; sådan var alt liv i åen, så mystisk, tilsyneladende planløst, men den, der forstod at stave og lægge sammen, fandt omsider ud af, at der var plan alligevel, og han, der opdagede dette, blev den gode fisker. De andre fik bare et par trætte ben og slentrede hjem med tom pose. Mens smelten eller grundtningen, som vi drenge kaldte den, var åens gadedrenge, var aborren at sammenligne med dens værdige borgermænd, der foragtede al leg og bevægede sig i adstadige buer, hvor vandet var dybt og fuldt af mystik. Skallerne var overfladevæsner, mens aborren gik i dybden, der var noget filosofisk ved hele dens apparition, også filosoffens krumme ryg var dens. Da den var dunkel i lød og gik i denne sortstribede vest, der er den egen, var den vanskeligere at iagttage, men en dreng med kenderblik fik alligevel nok øje på den, hvor den svingede sin kløftede svans dybt nede ved åkandens svampede og dunkelt fæstede rod. Lige ud for min fars gård var der i min barndom et åparti, som kaldtes "æ Lænner"; jeg ved ikke, hvad navnet betyder. Her var vandet flere favne dybt med en farve som ældet fløjl. Enkelte store smilehuller kredsede rundt i vandskorpen, guldsmede, både blå og grønne, for med en svag klirren over fløjlet og forsvandt i mandshøje rokker på den anden bred.

I dette vand gik der nogle tunge, blaserte aborrer af en mandehånds bredde; de havde ikke meget lyst til at bide på krogen; men var der torden i luften, og storkene kredsede i mægtige buer imod sommerhimlen, tog de under visse betingelser den plaser med.

Johannes kunne altid få dem til at bide; det varede længe, før jeg lurede ham tav'et af. Men det øjeblik, da ens dannebrogsfarvede flåd begyndte at gøre nogle lade hop over vandspejlet, tog samtidig en drengs hjerte til at hamre mod vesten, og når endelig proppen ved en doven, næsten ugidelig bevægelse gled skråt ned i dybet, da var det store over en, og i næste øjeblik lå, hvis man ikke var en klodrian, en dejlig stor, rundrygget fisk, med dybets farve på siderne, sprællende på åbredden.

Fiskene er naturligvis mest morsomme, når de ses i åen, men de har også bedårende farver, lige efter at de er kommet op af vandet, men få fisk har så skønne farver som aborren, dens hale, dens finner og alle de underlige strimer som sirlige kantebånd hen over dens buede sider. Aborren var den fisk, der var mest attrået af de rigtige fiskere, men den var også fornem, doven til at bide, men gjorde det til gengæld så grundigt, når den endelig havde ladet sig overliste.

I åen fandtes jo også både gedde og laks, men dem turde en lille dreng slet ikke sætte næsen op efter. Gedden kunne jo nok ses, når han stod og lurede i middagsheden inde under en hul åbrink. Før man vidste et ord af det, styrtede han ud i bølgerne som en hel torpedo. Gedden har jeg aldrig fanget på krog, jeg var formelig ræd for ham, hans mægtige voldsomhed ville absolut bringe ens fiskestang til at knække.

En gang i hele mit hyrdeliv har jeg fanget en gedde, men det var nærmest ved et ulykkestilfælde; den alenlange fisk lå i vandskorpen med sin brede bug i vejret. Han må have fået et bedøvende slag af et eller andet, - jeg fik hjerte- banken ved synet og vidste knapt, om jeg turde lægge hånd på ham, for han har jo et gab som en ulv, hvis han vender det imod en, hvad der godt kan falde ham ind. Men jeg fik ham da halet op på brinken, og der var virke- lig liv i ham. Det er vel nok den største fangst, jeg nogen sinde har gjort.

Med den store fisks hale ovenud af fiskeposen løb jeg af al min kraft ind over engene, så de sorte humlebier stente- de langt hen for mine nøgne tæer. Jeg sprang over de bre- deste grøfter; jeg syntes, jeg havde vinger; da jeg med hamrende puls stod på de kolde murstensfliser i vor lille dagligstue derhjemme, sad mine forældre med husstand ved middagsbordet. Jeg lagde min mægtige fangst midt på langbordet. Far standsede sin dyppede kartoffel på vejen til munden og lod sig forlyde med, at dette her var sande- lig ikke så ringe, - der var jo mad nok til alle folkene i et par dage.

I almindelighed var far ikke så glad ved mine strejfture til åen, for så gik jo tiden bort fra kreaturerne; sådan en varm dag det nu var, måtte jeg endelig ikke forsømme at vande fårene, og der var altid en eller anden bissende studekalv, der havde sprængt sit tøjr og nu rendte og fir- mede rundt i kornagrene, men i dag vankede der ingen skænd. "Det var da så møj en få'le fisk, en ku snart ha' været ræd for, at den sku ha' sat ad æ å med dig." Far havde ikke selv fanget en fisk i hele sit liv, men han var

ellers en ren odder efter fisk, hægen efter at fedte sine
gummer med de ferske herligheder, jeg bragte til huse.

Men åens skønneste fisk har vi ikke nævnt endnu. Det er
ørreden eller laksen, der kommer ind fra fjorden på alle
tider af døgnet, men den kunne jeg usselige pøjke ikke
gøre mig noget håb om at få på krogen uden en eneste
sjælden gang, som man huskede år igennem. Nej, det er
mands værk at fange ørreder, og laksefiskeriet er den dag
i dag en ædel sport langs Karup Å.

Her skal dog ikke dvæles ved søndagsfiskeren, købstads-
manden, der kommer hjulende milelangt, sætter sin cykel
i en vidjebusk og begynder sin vandring ned med strøm-
men; mærkværdig nok er jeg aldrig blevet indfanget af
denne muntre og intelligente sport, der drives langs alle
danske åer og ved alverdens klare elve og floder. Nej, jeg
tænker her på de eneste indlændinge, der fortjener navn af
fiskere, dem, der begynder fiskeriet efter laksen i de mør-
ke, solforladte efterårsmåneder, - heller ikke deres kreds
blev jeg nogen sinde optaget i, men der gik sagn om dem
og deres bedrifter ved toggeret. Det var gerne enligt bo-
ende indsiddere, der kun levede for den eneste ting: at
hale laksen op på brinken. Tit var håndværket nedarvet i
slægten; de blev dog sjældent til rige folk, tværtimod de
syntes at blive des fattigere, jo længere de fiskede, men
det var sådan en lidenskab hos dem. Når den tid var inde,
da laksen begyndte at trække op i åen, blev de så urolige i
sindet, de lod deres seng stå kold om natten, - de store
træskostøvler blev smurte, og så gik vandringen mod åen,
når hele den øvrige by gik til hvile. Et mærkeligt natteliv
var det jo at give sig i vold, mørket rugede over tørvegra-
vene, ingen måne, ingen stjerner, kun tunge skyer med
vildt piskende regn, der gennemblødte en fra yderst til
inderst, for det er kun i den slags vejr, at laksen foretager
sine eventyrlige vandringer. Med en rasende gal kæft, en
underkæbe som en sav, skærer hannen sig igennem bøl-

gerne fremad, altid fremad, i vild, sindssyg higen, der ikke
kan standses af noget. Den springer alenhøjt over stigbor-
de og små mølleværker, den farer som en skærende pil
forbi åens slimede bropiller, det er hunnen, den trækker
efter, hun har brugt det gode magsvejr til at finde lege-
pladsen, men han kommer som den sorte ridder i panser
og plade gennem de mørkeste nætter.

Her er det så, han ofte møder sin skæbne i form af et
udspændt fiskegarn, et primitivt redskab, som bønderne
kalder et togger, et alenbredt maskebånd, der er slået på
en lægte, på en halv snes alens længde, og skydes ud i åen
og sejler nu ved sin egen vægt behørigt afbalanceret ved
blyklumper og korkstykker ned ad den glidende strøm.
Hvor det må være et underligt livserhverv! - Byerne ligger
derinde med deres slumrende gårde, enkelte gravhøje anes
mod himmelbuen højt over bakkens rygning. Regn og
storm pisker ned, åen mumler hult og dystert under ens
fod, imens en ensom skikkelse i våde klæder vakler frem
langs åbredden, han kan intet se tydeligt, ikke engang sit
eget garn, der driver ude i strømmen, men render en rigtig
basse af en laks imod fisketøjet, da går der en skælven
igennem hans hånd, han tør næppe vente at lande, til hans
fisketur er gået igennem, han haler det kluntede redskab
op på bredden, og er han heldig, kan det være, at et væl-
digt dyr, en af dem på 20-30 pund, slår med sin hale imod
hans ben, - han skal, ligesom krybskytten, gøre al sin ger-
ning i mørke, mens tunge regndråber slår mod hans nak-
ke, og han kaster sig hen over den stærke fisk og bedøver
den med dvalske slag af sin knortekæp.

Kanske går han den lange nat i det ondeste vejr, uden at
gøre den ringeste fangst, kanske får han hele posen fuld,
før dagningen lyser over bankerne i sydøst, - men hvis
han har set sin fangst ved dagens lys, ville han have skuet
en af de skønneste skabninger, som Gud har givet en hi-
gende sjæl. Hvad kan sammenlignes i farveynde med

ørredens spættede side, når den lige er bragt op af sit element!

Fiskeren har næppe nogen sans for den ting, men fiskehunnen må vel have det, hvorfor skulle ellers naturen udruste laksehannen så rigt. - Der stod altid en mystisk sagnkreds omkring de gamle fiskere, formodentlig fordi de færdedes så meget i natten og på steder, hvor ingen andre vovede at komme, og de var da som oftest fulde af sagn og oplevelser, som ikke falder i syvsovernes lod: Sorte heste, hovedløse søer, odinsjægere og hujende gengangere, ikke at glemme ellepigerne, der altid havde en sær dragning til de gamle laksefiskere, der trådte deres sti dybt i den våde eng, hvor kløfterne gaber, og de tunge hedebanker luder. -

Sådan blev Karup Å under alle årets og vejrets omskiftelser en milelang ringlende streng med mystik, og det som ligger over al forstand.

N Der er anderledes liv i en å end i en sø. Åen er levende, den er altid på vandring, den taler højt, og den taler sagte, og den er aldrig død eller dvask. Den rinder af sted mod det fjerne og ukendte og bliver et symbol på selve livet.

Jeg priser mit held, at jeg er blevet født så nær ved denne herlige ås bred.

Et par gange har den prøvet på at tage mit liv, men den har ligesom angret det i forudfølelsen af, at jeg skulle blive dens sanger.

Men jeg har aldrig kunnet svømme, og da bliver det farligt for en lille dreng at omgås dybt vand så intimt, som jeg har gjort det. Jeg er et par gange i min iver for at hale en aborre på land gledet ud i strømmen, hvor jeg ikke kunne bunde, men lykken har været bedre end forstanden, når jeg har været tumlet nogle gange rundt under "lukket låg", har jeg haft held til at komme på ret køl, inden det var for sent. - Som oftest færdedes hyrdedrengene jo i flokke, så den ene kunne hale den anden ind, når man tog overbalance. En afskyelig fornemmelse er det - og jeg har måttet prøve det nogle gange - at føle, at nu slipper fødderne bunden, nu står vandet til hagen, nu løber det ind i munden, men de ældre drenge reddede altid de mindre, inden man var helt kaput. Men nær ved døden har jeg især været engang, da jeg forfejlede mit spring over en bred muddergrøft, da var kun benene oven vande. Jeg kan endnu huske den underlige drømmende hensynken, da jeg stod der på hovedet i mudder til over ørerne. Der var ingen angstfornemmelse, kun en farlig trang til at sove. Også her var en stor dreng min redningsmand, han fik mig fat i buksebenet og halet på land, men nærmere døden har jeg næppe været, og jeg er af den overbevisning, at så let må det være at dø, - en stille indslumren, hvor alting lukker sig tæt og sagte omkring en. Jeg tænker ikke, døden er noget i sig selv smertefuldt eller blot foruroligende, når man først er i det. Angsten for døden er noget helt andet.

Jeg har naturligvis mange gange i mit ret urolige liv været udsat for døden, et par gange har jeg uden egen skyld været lige ved at blive kørt over af toget, den ene gang ret uhyggeligt; jeg har skildret det i "Hvor der er gærende kræfter". For et par år siden var jeg ude for en bilulykke; det var mærkværdig, det gik godt. Vi var 5 mand i bilen op ad den stejle bakke, der over talrige flintknolde går fra landevejen ved Daubjerg op imod Daubjerg Dås. Da vi er midt på bakken, springer en aksel i bilen, kusken mistede ethvert herredømme over sin vogn, som langsomt begynder at gå baglæns, bakken er såre stejl, til venstre springer en af præstegårdens udlænger frem mod vejen. Nogle alen længere henne løber en å under en bro. Broen har jerngelændere til begge sider, så kommer landevejen og bag ved den en række huse, der i tilfælde af at vognen fortsatte, ville have smadret os som et fjeld. Men vognen kom ikke til at løbe mere end en favn eller to, så lykkedes det kusken, til trods for de molesterede styregrejer, at tvinge vognen over i højre vejgrøft; denne grøft var kun lav og bagved den en høj tilplantet banke. Inde i denne banke mellem 2 bjergfyr stod vognen fast, og vi kom ud, men en alen fra det sted, hvor bilen rendte sig fast, ragede en svær tilspidset granstamme, der var fældet og afgrenet, helt ind over vejbanen. Var vi rendt imod den, havde den øjensynlig spiddet vognen i hele sin længde. - I den grad er liv og død tit det uberegneligste tilfældes værk, og fra den dag har jeg ingen bil ejet og agter ingen at købe.

Men vi går videre med åen og engen.

Mens åen kun havde noget dragende ved sig, i hvert fald for mig, i højsommeren, når vi knægte fiskede, og når vi badede, var engen næsten lige dragende til alle årets tider. Det var det første sted, at spirerne begyndte at løfte sig af mulde om foråret, rundt om på den solvarmede grøftekant. Det varede ikke længe, før hele engstrækninger lige fra Trevad Bro i syd til Estvadgaard i nord havde klædt sig i et gyldent flor af engblommer, dem, som vi knægte kaldte kavelotter, men som botanikerne nok kalder caltha palustris. Det var den altdominerende blomst i det første forår, så hele engdalen dannede et eneste blomsterbed; men endnu før kavelotten rigtigt havde udfoldet sig, var der to skikkelser, som dagen lang fangede øjet ud for min fars gård. Den ene var engvandingsmanden Lars Christian, der gik og skar engen op i små render, så vandet fra bækken fusede ind over de grå engdrag. Det var et arbejde, jeg som lille var meget optaget af, rislende vand, som man fik til at løbe efter spaden, det lokker altid raske drenge, men det giver hyppigt våde fødder, og dermed våde næser, så ens mor søgte at indskrænke disse besøg i engen, der hyppigt førte til et sengeleje. - Lars Christian kunne jo sagtens, han havde store træskostøvler på, der drev af fedtsmørelse, som vandet skyede. Han var ellers en god mand mod små drenge, af hvilke han selv havde

en halv snes stykker, men han var en uhelbredelig drukkenbolt, der kunne smide spaden og løbe sine tre mil for
at få fingrene i en flaske brændevin.

Når han så kom tilbage, havde han drukket sig fra både
vid og sans; så havde han det med at få krampe, så mine
forældre skulle have ham at tumle med. Jeg husker endnu
disse bjørnetag med Lars Christian, når han havde krampe. Han ville under sit anfald krølle sin tommelfinger ind i
hånden, og det skulle efter bøndernes opfattelse være en
frygtelig livsfarlig sag. Når det stakkels døddrukne asen lå
aldeles bevidstløs på stuegulvet, så var det første, man
kastede sig over, Lars Christians tommelfingre.

Folk stod i stimer omkring drukkenbolten. - "Pas endelig
på hans tommelfinger," sagde mor - "ellers kan han dø for
os." - Han havde en forfærdelig magt i den tommelfinger.
To- tre voksne karle lå og bødlede oven på ham og havde
kun sans for den finger. Når de så havde lagt hans tommelfingre mod teglstensgulvet, så var de rolige; så var det
for øvrigt ligegyldigt, hvordan det ellers gik stodderen.
Disse evige kampe med Lars Christians tommelfingre
danner et uhyggeligt led i mine barndomserindringer. Jeg
er dog nu tilbøjelig til at tro, at en god skvat vand af min
mors øse ned om ørerne af kumpanen ville have vist sig
mere probat, men det blev af humane grunde aldrig bragt i
forslag. Lars Christian var også egnens pjaltekræmmer.
Alle de uhyggelige laser og hvert et ben, man kunne slide
fra hunden, havde vi knægte lov til at gøre i penge. De lå i
en stinkende krog i et af udhusene og ventede på Lars
Christian. Når han omsider kom, stadig fuld, stod han der
på de lange svinglende storkeben og vejede pjaltedyngen
på bismeren (æ vindsæ).

Det kunne tage lang tid, thi Lars Christian var ikke blot
fuld af brændevin, men også af retfærdighed. Jeg husker,
han engang sagde, mens han stod og jokkede og ikke
kunne få det tunge blylod til at balancere: "A ville nødig

til at veje dette her om, når a en dag blev kaldt hérfra." Så vore ben var i retfærdige hænder og indbragte os somme tider en af de 5 ører, som Lars Christian endnu ikke havde fået lejlighed til at svire op.

Men Lars Christian var altså en af de første forårsbebudere i Aakjær, og den væde, han der pjaskede i, var i hvert fald ikke farlig for hans forstand. Han havde et nivellerapparat, hvormed han kiggede sine render af. Det var et af de største vidundere, som vi børn kunne få at fingre med. Det var endnu morsommere end Laust Murers waterpas, der heller ikke var at foragte, denne luftblære derinde bag glasset, der gled og gled som et levende øje. Det var i hvert fald umuligt at få engene til at bære behørigt græs, før Lars Christian havde været over dem med sit lille nivelleringsinstrument og sin blanke spade, der skinnede som sølv i forårssolen.

Den anden forårsbebuder i Aakjær Enge var Gamle Johannes. Skønt han ellers var en børneven, så turde vi dog ikke løbe ud til ham, når han var på engene, for her var hans hverv at samle vibeæg, og det måtte han være alene om, da man ellers jog viben af reden i utide. Det var nok ikke nogen fuld lovlig handling, men Johannes var født på en tid, da der intet hensyn toges til lov eller ret, og han var en storartet æggesamler, der i løbet af et nu kunne få fyldt sin gamle fedtede lue med vibeæg. Han fik lært mig fiskekunsten, men jeg blev aldrig noget videre som æggesamler, der manglede jeg det rigtige instinkt. Det var et friskt syn at se Johannes gennemsøge et engstykke, i den tid da de første kavlingblomster spirer op mellem de vandfyldte grøfter. Johannes for i hurtige marcher og med retvinklede linjer hen over engene, mens de rasende viber larmede over ham og truende skar lige ned mod hans skaldepande. Ham turde de dog ikke hakke i skallen, men det er hændt mig mere end én gang, at viben har givet mig et forsvarligt bask om ørerne af sin rappe vinge; og den lille, arrige fugl, der kaldes tinksmeden, er alle børn ligefrem ræd for, fordi den uden skånsel hugger dem huller i hovedet. Men den fandtes ikke på engene, men rugede inde på de små hedemoser. Johannes samlede aldrig til salg, der var overhovedet ikke noget begærligt i hans natur. Når han havde fået sin hue topfuld, gik han hjem under vibernes evindelige forfølgelse og skrig.

Efter forårstiden havde engene fred i nogle måneder; da fyldtes de fra dag til dag mere og mere af sødme. Tusind blomsters duft og dræ drev for vindene, og alle mulige fugle, store og små, gæstede engene.

Den grinagtigste var i min barndom bruskokken, der opførte de galeste danse på åbredden, mens han spærrede sin præstekrave ud som et skjold og gik løs på sin rival. De havde en hård fjende i vor nabo Troels, der var en farlig jæger, lige så lovløs som Johannes. Over alkovesengene i Troels' stue hang der i min barndom altid en 3-4 brushanehoveder, hvis udspilede kraver med deres fjerpragt ydede en fattig prydelse til det ellers tomme panel. Jægeren skal jo altid have et trofæ på væggen; har han ikke et elsdyrhoved at hænge op, må han tage til takke med den fattige bruskoks bryllupskrave.

Til forårstegnene må også henregnes en ting, som jeg ikke mindes med bar glæde. Det var tørveæltningen. Det var noget, der kom op i min barndom, at vi forsynede kakkelovnene, ikke med skudtørv eller skæretørv, men med æltetørv.

Til tørveskær var kun mosen anvendelig, til tørveæltning kunne man bruge ethvert dyndhul, og i mit fødehjem brugte vi et stykke af engen. Det er et grusomt primitivt og ækelt arbejde at ælte tørv.

Jeg har været med til det mange gange, jeg mindes det endnu med gru.

Man sprang fuldt påklædt ned i sådan et dyndhul og æltede med fødderne massen, til den var god nok til at

smide op på brinken, læsse på trillebøren og køre bort til
tørveformen. Å, dette øjeblik, når man i den endnu kolde
forårsmorgen springer ned i det ækle tørvehul, så pladde-
ret stod favnelangt ud til siden, ikke for at springe op igen,
men for at blive der time efter time med tøjet på i det
samme væmmelige ælte. Bøndernes liv var dengang til
tider meget besværligt, dette her var noget af det ækleste,
jeg har været med til. Siden fandt man jo bedre metoder,
hvor man stod på brinken og halede tørvemassen op på
"en bænk", hvor den så trådtes ud med træskostøvler.
   En lignende metode anvendtes, når man skulle rense de
lange blevverfyldte enggrøfter, der dannede skel mellem
ejerne. Da kunne man også gå i sådan en grøft med sin
skovl og sin krøj, fra morgen til aften i klæbrigt dynd til
armhulerne; der skulle en stærk konstitution til for at tåle
det. Jeg er tit kommet hjem fra det arbejde med en vældig
maveklemsel; her gik man og kvasede i de underligste
slimplanter, iglen bed sig fast i ens tæer, en enkelt ål kun-
ne komme under fodbladet og blive halveret af spaden,
vandrotten gik tyk og børstet og borede i sine underjordi-
ske gange, men ellers var det bare at hænge i, slide af alle
kræfter for at holde varmen i det kolde dynd. Hvor var det
ækelt især i begyndelsen, når man sprang i mudderet,
ubehaget ved at føle det skidne vand løbe ind af den ene
bukselomme og ud af den anden!
   Der var endnu en slags arbejde, som i sin svinagtighed
var lige så modbydeligt, men som ingen kunne undslå sig
for, det var at lægge gødning til kartoflerne en forårsdag.
Ploven gik igennem sandgrund, en gik bagefter og lagde
kartoflerne, hyppigst min mor, bagefter travede så jeg
med en stor sædeløb eller halmkurv i en rem om halsen.
Halmkurven fyldtes reverenter talt med fårelort, som dy-
rene havde stået og trådt sammen i stien hele vinteren. Det
var utrolig sejt og kunne kun deles med hænderne. Der
var endda dem, der for spøg bemærkede, at man også

helst skulle have tænderne til hjælp. Nu greb man i kurven og sønderdelte den hæslige gødning og lagde den omhyggeligt ned over hver kartoffel. Gud bevares, sikke hænder man fik! Det arbejde var jeg led ved. Men meget af bondens gerning var jo dengang af lignende art. Arbejdsredskaberne var utrolig kluntede og tunge, så hænderne måtte tages til hjælp overalt.

Men et arbejde var der, der som barn kunne få mit hjerte til at svulme. Det var arbejdet med høet nede på engene.

Det var ligefremt paradisisk. Jeg havde ikke stort andet med det at gøre end at bære øl og mad til de agerende, og jeg gjorde gerne mine ophold i engene så lange som muligt, - det var næsten ikke til at rive sig løs fra, thi alle vegne klingede leer, der gik med dybe støn igennem det rige græs. Mændenes gode humør under det usædvanlige arbejde, pigerne i deres lette og brogede dragter; de gik bagefter hølekarlene med de vævre river og strøede græsset, og næsten lige i hælene på dem gik storken for at hapse de frøer, der kom i favnespring og med en iskold stråle farende ud under lebladet.

Storken kunne være én så nær, at man fik lyst til at gribe efter ham. Sådan havde hvert hølelag sin stork efter sig, der gik med dybe nik og med øjnene på skrå, ikke i mindste måde bange for nogen af arbejdsfolkene. Når de havde mættet sig, lettede de og fløj med dundrende vingeslag hjem til ungerne. Det var sommer for en lille dreng. Det var arbejdsstunder, som man aldrig glemmer. Vel var der alvor i arbejdet, og sveden gik i stride strømme ned ad de brunede kæber. Alligevel blev der altid tid til, når der var blottet et humlebo, at lægge leerne og gå i gang med at tage honningen op, - det var ikke ganske uden fare, de brune humler var ude af sig selv af raseri og for som projektiler igennem luften og lige ind i karlenes bryn eller pigernes fregner. Da gjaldt det om at have mod; med trøjen om hovedet, til værn mod de rasende dyr, krøb karlen på alle fire frem imod det mossede bo. Pigerne holdt sig pænt på afstand, indtil karlen kom med de honningfyldte "kager" i sin hule hånd. Mangen en karl har vundet sin piges yndest her på engen ved at byde hende humlens søde kage, alle de blinkende små "kander", der funklede i middagssolen. En lille bid vankede der da også til mig, der var kommet med den svale øldunk.

Af alt, hvad jeg har smagt af liflighed på denne jord, kan intet sammenlignes med honningmjøden, der blev blottet med lebladet sådan en høslætsdag, når alt var arbejdsglæde, og himlen stod med blå luft i en vældig bue over de duftende enge.

Det er et arbejde, der aldrig vender tilbage mere; nu er det slåmaskinen, der går i leernes sted. Den har ingen tid til at standse for et humlebo, og ingen brogede og lattermilde piger i dens følge. (Se mit digt "Jakob og hans sønner".)

Engene var naturligvis skønnest om midsommeren, men heller ikke ilde var de om efteråret, når man opgav ævred, det vil sige løftede alle led og spærringer, så hyrdedrengene drev deres studeflok i skøn fællesskab uden hensyn til eje eller skel, men det ophørte dog allerede i min opvækst, så enhver tøjrede studene på sit eget engskifte. Det var da ens første gerning som dreng, at løbe ned i engene og flytte studene; det skulle helst ske ved solopgang, somme tider kunne rimen ligge hvid i græsset; å, hvor var det kært, når den tunge stud havde rejst sig og strakt sin mægtige krop, at jage ham bort fra den mørke ring, hvor hans bug havde hvilet, indtage hans plads med de nøgne, forfrosne fødder og godte sig i dyrelejets rygende varme.

Studene lå gerne ude til henimod november; hvor var de rene og pæne efter det lange sommerophold i engene. Duggen dampede op fra deres ryg i den stigende morgensol, de snøftede og krummede de vældige halse, mens de gjorde mine til at tage en lille dreng på de stærke horn;

men de mente slet ikke noget ondt med det, de ville bare lege, de havde kedet sig så forskrækkeligt derude i den mørke eng under fuldmånen. Nu så de et levende væsen og blev kåde, - og jeg selv blev kåd ved dyrets kovtehed. Jeg for ind på den stærke stud og kærtegnede ham alle vegne. Han strakte mulen langt i luften, for at jeg skulle klø ham på struben, hvor han ikke selv kunne komme til, men han så så tungsindigt efter mig, når jeg atter forlod ham med min kølle over nakken, som ville han spørge: "Bliver det ikke snart på tide, da én skal hentes hjem i stalden, - det bliver jo længere jo kedeligere dette her, og én er ikke fri for at fryse om natten, når rimen ligger alt for tykt i græsset!" - Og en Dag blev de så hentet i et stort uroligt kobbel, der knap kunne stå på benene for spænding og kådhed, når man trak dem hjem mod den lave gård.

Men endnu før det skete, var der endda andre ting at observere i engene. Der var f.eks. storketrækket. Ud imod efteråret, sådan en skøn, klarhimlet dag i september, fyldtes pludseligt hele engdraget af storke. Der gik de i hundredevis, næsten mandshøje, med en besynderlig uro i kroppen, snart gjorde de et hop på de lange, stilkede ben, snart løftede de på vingerne, snart fløj de 2 eller 3 op i følge som kåde skoletøse. Det var de unge, flyvefærdige storke fra 2-3 herreder, som et eller andet instinkt havde samlet til generalforsamling, før den store flugt sydpå.

De gik inde imellem engenes brogede stude. Studene kunne ikke lade være med nu og da at stikke i rend efter dem, det fik dem bare til at gøre et par hop mere, hvad brød de sig om disse fæpander, - de skulle til Ægypten, mens studene en af dagene skulle til Skive Marked og sælges til en pølsehandler! En hel eftermiddag kunne sådan en storkeflok gå her på engene og spankulere, før de som ved et signal svang sig til vejrs højere og højere, indtil man knapt kunne følge dem med øjnene.

De kastede vel næppe et blik ned på de lave gårde, hvor de var blevet udrugede, og hvor vi drenge begyndte at søge efter vore træsko, som vi ikke havde brugt hele sommeren, men som nu blev nødvendige, alt eftersom kulden steg om nætterne. Med underlige følelser så man efter de stolte fugle, der kunne sige farvel til kulde og mørke og drage efter en lige linje, lige ind i eventyret, men det er hændt mig et par gange, når det store storketræk er gået, at jeg inde imellem studene, som jeg flyttede til nat, har fundet en stor dræbt fugl med udspærrede vinger og næbbet i jorden. Når man så nøjere til, randt der blod fra dens søndrede nakke.

Sådan holder storkene justits, dødsens hård kan den vel kaldes; det har været et svageligt individ, som man har skønnet ikke har kunnet holde til den lange rejse. Så giver de ham nådestødet forinden, for at han ikke skal sinke de stærke, der kan få vanskeligheder nok at klare. De har ikke råd til at holde ambulance. Somme tider har de ikke nået at hugge sådan en svækling helt ihjel, eller han har måske været så klog at humre sig til en side forinden henrettelsen. Det hændte nogle gange, at man derhjemme i gården havde gående en tam stork, som pigerne smed lidt affald til fra køkkendøren; han kunne blive umådelig fræk og slås om sildehovederne med både hunde og katte. Han betragtede alt affald som sit, og de fleste varede sig for hans frygtelige næb. Om natten lukkedes han gerne ind i et tørveskur ligesom andet fjerkræ. Folk grinede af ham, men vi drenge grinede nu ikke, vi var snarere ræd for ham, og med god grund, et hug af en stork, det ønsker man kun en gang; det har jeg også været ude for. Da mit hjem lå så nær ved engene, havde vi ikke så sjældent storkereder på huset. Det var bare om foråret at slæbe et gammelt hjul op på taget, så var storkene der straks, så snart de kom til lande, men Gudfader bevares, sikken et spektakel og slagsmål, inden det var blevet afgjort, hvem det elendige hjul skulle tilhøre. Det var en kamp i luften som af onde ånder; de tørnede sammen med vingerne og faldt ned på taget og knebrede, lange fjer røg ned fra rygningen, det var et helt feltslag af flyvemaskiner; mor og pigerne kom ud i bryggersdøren med slev i hånden og skreg op. Mor ville så gerne have talt fred, men hvordan skulle hun berolige de kamplystne fugle. Jeg kan dog ikke mindes, at nogen blev på pladsen som dræbte. De to sejrende begyndte straks at bygge rede af de underligste ting, ris og kvas og visne skræpper, men storkene var ikke nøjeregnende, det hændte, de tog mors vasketøj og slæbte op i reden, ja vore stunthoser. Var der en ting, der var blevet borte, så skulle man altid op og finde det i storkereden og sjældent forgæves. Engang havde de taget en piges kærestebreve, der var blæst ud af et vindue; det fyldte hele byen med sladder, da alle jo var oppe i storkereden og læse brevene. Kæresten slog op med pigen af den grund, så storken kan også somme tider blive en skæbne. Dette er jo alt sammen kun spøgefuldt, men mindre spøg blev det ud på sommeren, når ungerne begyndte at vokse, og storkefar kom slæbende hjem fra moserne med alenlange hugorme, som løb fra ham, eller som ungerne ikke rigtig havde fået tag i, når de skulle svælge dem. Vi knægte var ligefrem ræd for at komme hen i det gårdhjørne, hvor storken havde rede, for der kunne omkring ved møddingen rende 2-3 hvæsende hugorme, der ikke var gode at træde på for en bar fod. Bønderne tror nu - jeg ved ikke om med rette - at hugormene går lige igennem storken, forind, bagud, det er en almindelig antagelse. Mange ville ikke have storkereder på tagene, for det første på grund af hugormene, som de slæbte hjem, for det andet for storkens uhelbredelige tyvagtighed. Men vi børn bad for storkene. Der var et mærkværdigt liv på den gård, der havde en storkerede på rygningen, men jeg har vel aldrig været i større livsfare, end da jeg engang som dreng vovede mig op ad taget for at kigge i storkens rede, og han overfaldt mig med næb og klo.

Jeg har under denne skildring af min barndoms å tit nævnt Gamle Johannes. Med ham skal kapitlet slutte.

Til Karup Åens sommerbilleder, som de tegnede sig bag min fødebys lave gårde, hørte denne barbenede oldingeskikkelse, der, i hvad end andre havde travlt med, altid kun var optaget af sin fiskestage.

Han sås at vandre i det flimrende sollys fra høl til høl i åens krumninger, altid ensom, med de nedsunkne gårde på den anden side åen som baggrund.

Således også den dag, da Johannes fik sit bevægede livs største forskrækkelse.

Det var en af disse sommerdage, da heden er dånende, og tordenhovederne trækker i langsomme rækker over den blåsitrende himmel. Småkalvene bissede om kap rundt om i kærene med halen demonstrativt i vejret. Loke såede sin havre over Kistelbak; strået ligefrem smækkede af varme rundt om i de lave gårdes tage.

Johannes havde fundet en af sine yndlingspladser, en stor åkrumning i æ snejkers eng, hvor sødgræsset stod med frynsede kolber, og den mandshøje røde tidsel næsten nåede ham til hagen.

Johannes havde trukket den ene aborre op efter den anden; hans sorte tandstumper knuskede tilfreds på skråen i venstre kæbepose; store, gule bladhvepse kom tumlende ud af flægene og dukkede ned i en busk på den anden side. Åens vand gik i bløde hvirvler her i høllet, hvor vandmassen kredsede over den dunkle bund af dynd. Vandet var så varmt af solbranden, at alle fiskene blev dovne og kredsede synligt om hinanden med lade halebugtninger, engang imellem vendte én fladsiden til, det var som glimtet af en stor sølvskilling dernede i det fløjlsvarme vand.

På én gang stod den gamle fisker som stivnet af rædsel. Hans gammelmandskinder begyndte at bævre i deres valker, og hans øjne blev store og stive som en af de kæmpeaborrers, han nylig havde hevet på brinken. Hans ører havde fanget en forunderlig larm, der lød endnu mere mystisk her i blikstilheden.

Få favne fra sig, knap nok midtstrøms, så han et havuhyre, der piskede den lade strøm til skum.

Et par vældige finner stod op over vandskorpen, men synet forsvandt opstrøms som noget fantastisk fremmedartet, der kom som et lyn og svandt som et lyn.

Men den overtroiske Johannes troede, at selve Fanden havde passeret forbi ham og hans fiskestang. Ikke et øjeblik længere kunne han blive ved åen, han kløvede dens bølger som ingenting, havde endda nær glemt sin fiskepose i græsset, og med bankende puls og de gamle ben i fuldt trav kom han ind over de dræende enge til Aakjær og fortalte i alle gårdene om sin rystende oplevelse.

Hvad det var for et kreatur, havde han ikke gjort sig klart, et underverdenens bæst, en drage eller basilisk havde det jo nok været. Den havde finner som gåsevinger og piskede åen op langvejs med sin unaturlige hale.

Johannes forvandt ikke sit chok den hele dag. Folk troede nærmest, at han var blevet blød i varmen, og at det var det, der havde givet sig udslag i hans kæmpefantasi. Men da man dagen efter hørte, at man oppe ved Trånum Åbred havde fanget en mægtig stør på 2-3 alens længde, idet den var strandet på en sandbanke i åen, så kunne man nok forstå, at der havde været noget om Johannes' blomstrende åbenbaring.

Det var for resten ikke første gang, at en stør var gået fra havet gennem Limfjorden op i Karup Å, men det var første gang, den havde truffet så taknemmeligt et objekt som Gamle Johannes.

Min groplads

Byen Aakjær var i min første barndom en såre beskeden lille by på kun 6 gårde og Johannes' hus i midten. I en fjern fortid var gårdenes antal kun tre, der så hver kløftede sig i 2 halvgårde, som i udskiftningstiden i det 18. århundredes slutning rykkedes op fra det hul, hvori de lå, for at skubbes op ad bakkerne nærmere deres udstrakte markjorder. Mit fødehjem blev dog ved at beholde sin plads ved engen. Gården hed i denne fjerne fortid altid "Søndergaard". adskillige af de gamle fæstere bærer i dokumenterne dette navn, så det er et rent slumpetræf, at ikke mit forfatternavn blev Søndergaard efter fødehjemmet, hvor jeg nu har taget bynavnet op som "nom de guerre". Nogen helt tilfældighed er det dog ikke. Ved jordfællesskabets ophør tabte mit fødehjem øjensynlig interessen for Søndergaardnavnet, der siden er gået over til nabogården, der var vor tvillinggård i denne fjerne fortid. Mit fødehjems marker ligger dog stadig sydligst i Fly Sogn, helt ude langs Trevad Skel. Så ingen kunne have gjort gården det gamle navn stridig, hvis den havde insisteret på at beholde det. Men det gjorde dens fra Daubjerg indflyttede første selvejer, gamle Søren Jepsen, altså ikke, og nu er navnet som sagt annekteret af en anden ejer i byen. Min oldefar hed Søren Jepsen, hans søn Jeppe Sørensen, efter hvem jeg er opkaldt, hed i folkemunde altid Jeppe Aakjær. Hans halvbrødre og slægtninge viden om i Fjends og Ginding Herreder har den dag i dag holdt ved Aakjærnavnet.

Men vi kaster et blik ud over den lille forpjuskede by, der var min lille-verden indtil konfirmationen, og endda længere, og kom til at præge mit liv med en enestående magt gennem al min barndom. Denne by lå helt afgrænset for sig selv, til den ene side åen og de udstrakte enge, der først midt i firserne blev til at passere gennem en dæmning og en bro, der førte over til eventyrlandet imod vest, moserne, hederne og de bakkegroede gårde, der løftede sig ud af disen på Ginding Herreds fjerne åse. Det var barndomsbyens grænse imod vest. I en rundkreds langs østens horisont stod høje banker og spærrede for udsigten. Op ad disse banker og ovenfor samme lå byens jorder. Derop måtte vi altid med vore kreaturer. Det var som at drage til sæters. Deroppe var der udsigtsfrit til syd og nord og øst, mens gårdene lå under ens blik set fra kæmpehøjene heroppe som noget, der lå dybt og nedsunket i dalgryden. I min barndom havde byen knapt træ til læ for stormen. Alle byens gavle lå frit ud mod alle vinde. Sådan yndede de gammeldags beboere det bedst; intet at stikke under stol her! Intet der spærrede for det skarpe, nysgerrige blik, når man trådte hen i porten eller gårdsleddet for at tryne vinden eller se, hvad der færdedes på veje og stier. Det var de gamle en lidelse, da en yngre slægt begyndte at skabe sig med plantageanlæg og træplantning. De gamle aftægtsmænd spyttede misbilligende i toppen af de små rødnæsede graner, der næsvist begyndte at glo ind ad ens vinduer, hvorfra man før havde kunnet holde udkig med alverden, med folkene under høstarbejdet, med hver en bissende studekalv. "Der skal da nok komme et eller andet skidt folk og smide sig i det," sagde en af de gamle forhærdede langsynsmænd, idet han med sin kæp pegede hen over byens tiltagende plantninger. "Og ræven vil såmænd tage hver høne, I har; og I fortjener det heller ikke anderledes." Men ingen brød sig om de gamles ønsker. Tilplantningen havde for længst givet byen fuldskæg. Det er længe siden Aakjær ophørte at være den by, som jeg elsker. Alle min barndoms legepladser er forsvundet under granernes fremmedartede skærm og dække, som var de styrtet i havet. Min barndomsglæde må jeg nu søge nede i engene og langs den klare å. Byen er mig nærmest modbydelig. Den har jeg tabt for evigt! Men i min erindring står den med alle sine kære og mindeglade træk. Der vokser ingen graner over tofterne og de løndomsfulde sandhuller, der nedfælder ingen bjergfyr sine bulne skæl eller sine visne, skidne nåle. Hvor ydmyg og lav tegnede sig ikke den lille by, når det stormede krabat af nordvest, næsten ligesom en vildfugl med gumpen op imod vinden, som trykker sig længere ned i reden, for at det værste skal gå hen over den. Da kunne der ligge et dystert mørke over de lave vinduer, mens stormstødene fyldte de åbne gårdsled, og vestenvinden i løssluppen kådhed red ranke på de hushøje hedetørvstakke eller kastede møntørvene hulter til bulter ned på stenbroen fra de skælvende huslænger. Men til gengæld - med hvilken ømhed kunne ikke høstsolen tage den lille by i favn, når den vuggede rugen langs de høje åse og fik havren til at løfte sig på tå for at ringle med de gyldne bjælder lige ind under ens sovekammervindue, og atter hvilken fortryllelse kunne der ikke ligge en sommeraftenstund over den milelange engdal, når den standsede vejrmølle langt mod vest stod med sit kors mod nattehimlen, og de fortryllende hvide dampe drev i endeløse hvirvler ført af nattens svale vinde, mens tusinde fuglelyde kom ud af disen og drog som en sød musik mod ens øre. Aldrig på den vide jord har jeg mødt en fred, en stemning der i dybde og blidhed kunne måle sig med den, der mødte én, når man under den høje måne havde forladt alle sine søskende og dagens kiv og tummel for at være alene med sin Gud og alnaturen i disse paradisiske enge! - Men som byens horisont var stænget og snæver, sådan var også dens beboeres. Når nogen har spurgt mig om min alder, har jeg til tider skrømtende sagt: Jeg er tusind år gammel! Og når man så forundret har spurgt mig om meningen, har jeg svaret, at jeg kan ikke være synderlig yngre end stenalderfolket. Jeg er opdraget i en landsby, hvor alt var så primitivt som for tusinde år siden; de få genstande, der var i en bondes gård, kendte oldtidsbonden til dels også. Enkelte steder var trægrebe og træskovle ikke ganske forsvundne. Jernalderen var ikke alle vegne nået frem, hverken til vogne eller andre markredskaber. Man klædte sig endnu ikke blot i fårets uld, men også i fårets skind, ganske vist i garvet tilstand, de surt stinkende lædertrøjer, hvis svovlgule ærmer rakte frem af vestegabet på alle gamle aftægtsmænd. Også hvad kulturen og det sjælelige angik, måtte man i mange henseender tænke på oldtiden, når man kom til at føle de gamle på tænderne. Overtroen var stor, ja, der var vel overhovedet ingen anden tro end overtro! Naturen omkring én var fuld af gengangere og spøgelser, hvis tilværelse blev taget for ligeså håndgribelig og uomstødelig som ens egen. Troldfolk og kloge koner havde livlig søgning. Der gik ti gange bud til "æ Lærki" i Tastum og Kræn Spill'mand i Himmerland for hver gang, der gik bud efter den justerede læge dr. Schou i købstaden. Ham hentede man kun, når man skulle dø, det har jeg hørt de snese gange gamle mennesker hviskende meddele hinanden: "De har hat æ doktor te ham, så han løwer nok ett ret læng." - Blandt Aakjær Bys 6 gårdmænd var der ingen, der røbede den svageste længsel efter kultur eller hang til noget moderne ud over min egen far. Han havde dog, hvad jeg har vist, nogen politisk interesse, hvad ingen af de andre havde. De fleste blev hjemme på valgdagen, og de, der gik med, stemte alle så reaktionært, som det var muligt. Men det var gennemgående muntre og brave slidere, der altid var oplagt til en god spøg - helst en grov! De fleste af dem, altså med undtagelse af min far, var velstående, endda rige folk. - Der var kun to mænd i byen, som der rigtig var noget ved set fra mit barnlige synspunkt. Den ene var vor nærmeste nabo, Troels Jensen, den anden den tit nævnte Gammel Johannes eller Johannes Villadsen, som jeg tænker, er det menneske af alle dem, jeg har mødt, der har beriget mig mest. Ikke ved nogen genialitet eller tankedybde, men ved sin enestående fantasifulde, ja funklende fortællekunst. Troels var heller ikke nogen sinke til at fortælle sagn og fantastiske tildragelser, og da han boede os så nær, var det så nemt at smutte derop en vinteraften og høre ham udfolde sig. Han var en høj, velnæret, ja tungbuget mand; i så henseende en sær modsætning til alle andre mænd i sognet, ja, hele den kreds, hvor jeg færdedes. Thi alle mænd, unge og gamle, var dengang magre og benede, knoklede og tørre som den jord, hvor de søgte deres næring. Det var naturligvis deres seje flid, deres energiske forhold til denne jordbund, der holdt dem i denne gode træning og pillede alt overflødigt fedt af dem. Fedmen overlodes dengang til kvinderne; blandt de ældre, gifte koner kunne man hyppigt træffe en blorp, der så ud som om hun altid ventede tvillinger. Men blandt mænd havde egnen ikke andre "fede" folk end Troels. Troels havde da heller aldrig været ynder af det meget arbejde. Det overlod han til en flok raske drenge, og han elskede en god smovs og var en stor liebhaver til Gammel Johannes' kradse brændevin. Der var jægerblod i Troels. Hans far kunne skyde en hare, da han var over de 80, og Troels var næsten daglig ude med bøssen. Han havde hele omegnen som sit jagtrevir, og han respekterede ingen jagtlove af nogen art. I Troels' stenpikkede forstue hang der næsten hver vinterdag ved bjælken et par friskskudte harer, hvis studsnæser satte blodige dryp på det sandstrøede stengulv nedenunder, og på det rødmalede panel over alkovesengen i den lave dagligstue hang der altid et par tørrede og udspilede brushanehoveder. På de fleste af udhusenes døre kunne man se skind af ræv, mår og ilder. Og i den høje vinter, når sneen knøg omkring hushjørnerne, lå der gerne ådsel af ko eller krikke i snedriven på marken bag ved hans lade. Her skulle de sultne ræve vogte sig, thi Troels' bøssepibe lå i et skydehul i lademuren, mens et par skarpe øjne spejdede bag kolben. Troels har givet mig stof til mange gode fortællinger og er en skikkelse, jeg tænker på med megen glæde. Der var i hans sind de gammeldags bønders ukuelige munterhed og ligevægt. Han spillede lidt rigelig kort, og han tabte aldrig. Men det var ikke store summer, der vovedes dengang, så det par dalere, han ad den vej har holet sig til lise for sit tarvelige landbrug, bør være ham vel undt. Men intet i den nye tid kunne bide på ham, hans livsvane og hele åndsform var som bøndernes i Frederik den Sjettes tid eller endnu længere tilbage.

Troels havde en kone, Margrethe, der heller ikke var nogen sinke i fortællekunst. Oprindelig havde hun været omvankende skrædderpige, og det var ofte en livlig race, der hørte og oplevede mere end de fleste.

I sin hukommelse bevarede hun denne bøn, som hun messede for mig om kvælden, mens hun håndterede den store hjemmesmedede skræddersaks i tællelysets sparsomme stråler:

"Jesus gi i hans urtegor,
han svætte wand o blodige Tor,
han so te hans fem salig sor,
alt så stu di ham oven fôr (åbne).
Han (!) sagde til sin kjere søn:

"Min søn,
stat mandelig,
stri' endelig;
dø evendelig!"

- - Hwow denne bøn løse (læse) vil,
trej gång awten o trej gång moorgen,

før han opstor,
før han udgor,

før han eder værdens brø',
hans sjæl skal aldrig nyde Helvedes nø',
men Guds ord og en salig dø'.

Amen."

Om disse bønder og endnu et par af naboerne handler dette brev til min bror Jens i Amerika (27. mai 1904):

"I din hjemmen er der vel sket en eller anden forandring hist og her. Per Krænsen, der altid var så biel og arbejdsom, så han knap undte sig en fugls søvn, han "hår nu fåt så møj gue stående", og sover både nat og dag på Fly Kirkegård og har slet ingen jav med at vågne. Per Krænsen spillede aldrig nogen rolle for os børn, der var intet ved ham, der satte ens fantasi i bevægelse sådan som hos Troels eller Johannes; Troels var en anderledes ejendommelig personlighed, måske en af de ejendommeligste bønder i Fly Sogn; kan du huske, hvor besynderlig malende han kunne fortælle; og dette ejendommelige kast med hovedet, hans lille velformede hånd med de rette, tilbagebøjede fingre; når han skred værdig og rank ned over toften, var det, som gik der et stykke romantik bagom laden.

Når jeg tænker på en ejendommelig jysk bonde, tænker jeg altid på Troels i Aakjær. Men Per Krænsen var en underlig tør fremtoning - selv hans handel var kedelig og fantasiløs; husker du, at han havde for skik at gå og belure folks plage, mens ejeren sov til middag, for at han bagefter kunne hykle ligegyldighed for det dyr, som han allermest brændte efter at købe. Sådan var der noget lukket og uærligt i hans karakter; han vil slet intet savn sætte i ens sind; og det er vel egentlig det hårdeste, der kan siges ved en mands død, at han aldrig vil blive savnet af de efterlevende.

Med alt dette var Per Krænsen jo en brav mand og en medgørlig nabo; der var kun så lidt poetisk ved ham.

Også Kræn Laursen er død; den skrævende pralhans har lagt en løkke om sin hals og bedt fanden trække til, hvad denne har gjort med stor redebonhed, så nu stritter han aldrig mere favnespyt over stenbroen. Han var en fattig mand, der skrævede for to rige, en ubehagelig fattig mand

med synkemås - der stoged over i knæene af bar vigtig-
hed, med skråsovs og pral drivende ud af mundvigene.”

Den anden af de bønder, jeg nævnte, var Gammel Jo-
hannes, der boede i sit lille, gule firefags hus sammen
med en stodder, der blev kaldt "æ Slemm' dreng". Om
Johannes har jeg fortalt så ofte i det foregående. "Æ
Slemm' dreng” skal jeg ikke opholde mig længe ved, da
jeg intet godt ved at sige om ham. Jeg skal ikke nægte, at
jeg som barn nærede stor ængstelse for denne skumle
person med de små, udslukkede, skulende øjne.

Som ganske lille dreng sad jeg en sommerdag mutters
ene og legede oppe i Johannes' tomme stue. Johannes var
den dag ikke hjemme, men jeg havde fundet hen til en
gammel ragelseskasse med bukseknapper og gamle søms-
tumper, da ”æ Slemm dreng” kom trækkende ind ad stue-
døren med et kobbel får. Da raden så mig, råbte han:
"Hvad har du her at gøre! Vil du komme herut, din moge-
de dreng!" Hvor blev jeg bange! Jeg smuttede imellem
hans lange ben og kom ud i det frie, men langt nede på
toften følte jeg endnu mit hjerte hamre.

Sit øgenavn fik Slemdrengen af selve præsten, da han
under konfirmationen stod på kirkegulvet. Præsten eksa-
minerede hans sidemand og spurgte: "Kan du sige mig,
min dreng, hvor mange bud har vi?" - "Elleve," svarede
drengen. "Hvorledes lyder da det ellevte bud?"
Drengen svarede frimodigt:

     "Du skal aldrig gå sulten af by.
     Men æd og drik i hver en by,
     så får du tykke lore!"

"Hvem har lært dig det?" spurgte præsten. Drengen pe-
gede på sidemanden. Fortørnet vendte præsten sig da mod
denne og udbrød: "Din slemme dreng!"
Og ordet blev siddende til Kræn Vejstergaards dødsdag.

Han havde været gift hele tre gange, var nu enkemand uden afkom. På et eller andet tidspunkt var han kommet til at bo hos Johannes, hvor han måtte betragtes som en slags aftægtsmand. Til trods for at der gik vilde rygter om ham - han skulle således have ombragt alle sine tre koner - så havde han dog aldrig været i politiets kløer; der skulle ske meget i disse tider, om øvrigheden brød ind, og "æ Slemm' dreng" eller, som hans borgerlige navn var, Kræn Vejstergaard, havde klaret sig. Dog kun så som så, thi den hævn, retfærdigheden ikke fik ad lovens lige landevej, den tog befolkningen selv i en slags lynchjustits over for denne forbryderiske stodder; thi ligesom høgen eller visse rovfugle forfølges af en flok skældende spurve, sådan forfulgtes "æ Slemm' dreng" hyppigt gennem sognene med øgenavne og skrål, ja, også stenkast. Kom han forbi et teglværk, var det en god spøg at klistre ham hans hår og tøj fuldt af lerklatter eller rulle ham rundt i lertrossen, mens hans plageånder skogrede. Aldrig har jeg hørt noget menneske tage hans forsvar eller blot synes, det var synd imod ham. Han blev over 80 år, inden han døde, men selv her som en hjælpeløs og nedbrudt stakkel viste hans omgivelser ham ikke glimt af medynk. Han gik i barndom og havde onde drømme og ville nu sparke sine dyner i smadder med sine lange, endnu kraftige ben. Så bandt man de nøgne ben med stærke reb til sengestolpen. Nu måtte han da så lade sengetøjet være i fred, men foroven rev han i det med tænderne. Han var jo en beklagelsesværdig stymper, der burde have været sendt på et hospital, men sådan noget kendte folk end ikke af navn, skønt Kræn Vejstergaard havde skillinger og kunne have betalt for sig, men det faldt ingen mors sjæl ind. Blev hans obsternasighed for stor, fik han af Johannes en omgang klin af en tyk kæp som et andet høved, og sognerådet eller kanske Johannes selv rekvirerede unge karle til at vogte ham om nætterne. Det gik så på omgang. Jeg har selv været med i omgangen og brugt en nat til at sidde og passe på det bindegale menneske. Ungdommen syntes, at det var meget sjovt. Når den havde grinet tilstrækkelig af "æ Slemm' drengs" tossede fagter, vendte den ryggen til ham og gav sig til at spille kort og drikke Johannes' kaffeknægte resten af natten. I "æ Slemm' drengs" velmagtsdage var han en lidenskabelig handelsmand, der drev ulovlig kramhandel. Han var med andre ord bissekræmmer, og dertil egnede hans lange ben sig godt. Han var en stor elsker af disse blomstrede, lange silkesjaler fra det 19. århundredes begyndelse. Han var kommet i besiddelse af en utrolig bunke af disse varer, ting, som hans afdøde koner formodentlig havde bragt ham som medgift. Han havde en hel standkiste fuld af slige fine tørklæder, der misundtes ham af alle sognets matroner. Han blev i smug ved at drive handel med disse silkevarer helt op mod sin død, og det første forårstegn i Aakjær var, at "æ Slemm' dreng" bredte sin kramkistes strålende skatte ud mod forårssolen. Han kunne næsten belægge en hel toft dermed. Jeg har ofte, når jeg trak forbi med mit kokobbel, set den gamle bissekræmmer kravle, med høj hat og i knæbenklæder med sølvknapper, på alle fire inde mellem sine kostelige væve og sjaler, hvis silke og brokader funklede i middagssolen, mens der for vinden drev en sær orientalsk dunst af skunk, "desmerkat" og hugormehamme, hvormed han søgte at værne sine varer mod utøjets angreb, da "æ Slemm' drengs" skatte hverken i den ene eller den anden henseende hørte til dem, som ikke møl eller rust fordærver.

Denne by og disse mennesker med deres gode og mindre gode egenskaber, det var den grobund, hvori min barndom randt, og som befolkningen var, sådan var dens skole og sådan dens kirke. Det ene var som passet til efter det andet. Sådan havde livet formet sig i hundreder af år. Ingen tænkte på, at det nogensinde havde været anderledes, og ingen nærede heller det bitterste ønske om, at det måtte forandres.

Men til held for min personlige udvikling kom der dog forandring.

Det skyldtes en tilsyneladende ringe ting, som for mig skabte verden på ny for mine forundrede øjne.

Kun en gård

Rank i rejsning, dog ved jorden,
så at stormen mindst formår.
Underlag og syld i orden,
så ej muren revner slår.
Synet frit fra bakkens rand
- kun en gård i Danmarks land!

Plovøgsstræk langs brede banker,
ingen slentren løs og lad!
Porten høj, så kække tanker
ikke der slår panden flad.
Kø'r på rad med græs for tand
- kun en gård i Danmarks land!

Bravhed under rollingtaget!
Føling med hver folkesag
op i flyet, ud i flaget
strømmer da på kampens dag!
Ingen rust og kærnebrand!
- kun en gård i Danmarks land!

Om du tærer armods finker
eller velstands fede ål -,
det er ikke sul, der sinker
farten mod de høje mål.
Fælles ånd på muld og sand -
hvilken dag i Danmarks land!

Kække tøse, kloge drenge,
blikket frit og fremadvendt.
Glad i dansen, rap i enge,
snild i farens element!
Mindets bølgekluk mod strand
- kun en gård i Danmarks land!

Tordennætter, stormgangsdage,
forstu'svalers sommer-sting,
barnesang og oldingklage,
Liv og død i evig ring.
Troskabspagt med mø og mand -
kun en gård i Danmarks land!